nF450920

CÓMO SUPERAR EL ESTRÉS Y LA ANSIEDAD

GUÍA PRÁCTICA DE EJERCICIOS

SANTIAGO *PAZHÍN*

www.superar-estres-ansiedad.guiaburros.es

EDITATUM

Sobre el autor

Santiago *Pazhín* es un profundo estudioso de la psique humana, la mente, el alma, las emociones y el sentido trascendente de la vida. En 1984 se graduó como profesor en el Yoga Center Vedanta, en Valmorín, Canadá. Ese año fundó su Centro CEYSI® que sigue dirigiendo como centro pionero en yoga terapéutico y gestión emocional. Lleva treintaiocho años en el mundo de la comunicación en prensa, televisión o dirigiendo sus propios programas radiofónicos, entre los que destaca, desde 1986, *Encuentros en la medianoche,* actualmente en www.radionove.gal.

Es además conferenciante, formador, investigador, naturópata, hipnólogo, *coach* emocional… pasando consulta en Vigo u *online*. Es autor del libro *Libera tu alma,* de más de doscientos audiolibros y audioterapias y de los cursos de formación en Yoga, relajación y desarrollo personal, Yoga Nidra, Meditación, Mindfulness… impartidos en modo presencial, a distancia y *online*.

Agradecimientos

Deseo agradecer la confianza puesta en mí, —como profesional—, a todos aquellos que a lo largo de cuarenta años han asistido a mis clases, cursos de formación, consulta o talleres, dado que gracias a ellos, he podido comprobar como todo lo que expongo de forma muy sintetizada en esta obra, es sumamente eficaz para prevenir o superar muchos de los trastornos psicoemocionales y psicosomáticos, que vienen agobiando a la humanidad, y ahora más que nunca, como derivado del modo antinatural y altamente estresante en el que se haya sumida.

A todos gracias.

Índice

SEGUNDA PARTE

PAUTAS Y CAMBIOS. HERRAMIENTAS
TERAPEÚTICAS PARA GESTIONAR EL ESTRÉS
Y LA ANSIEDAD

Cuentan que a Buda le preguntaron un día qué es lo que más le sorprendía de la Humanidad.

Buda respondió:

—Los hombres, que pierden su salud para juntar dinero y luego pierden el dinero para recuperar la salud. Y que, por pensar ansiosamente en el futuro, olvidan el presente de tal forma que acaban por no vivir ni el presente ni el futuro. Viven como si nunca fueran a morir y mueren como si nunca hubiesen vivido.

Con el fin de reducir la extensión del texto, se emplean las siguientes abreviaturas:

AMN. Actitud mental negativa.
AMP. Actitud mental positiva.
CC. Coherencia cardíaca.
HCD. Hemisferio cerebral derecho.
HCI. Hemisferio cerebral izquierdo.
MDS: Mecanismo de supervivencia.
MDA. Mecanismo de adaptación.
OMS. Organización Mundial de la Salud.
SNC. Sistema nervioso central.
SNA. Sistema nervioso autónomo.
SNS. Sistema nervioso simpático.
SNP. Sistema nervioso parasimpático.
TN. Trastornos nerviosos.
TP. Trastornos psicosomáticos.

Puedes encontrar información sobre los ejercicios que incorpora esta obra:

- Algunos ejercicios puedes verlos entrando en el listado "Ejercicios dirigidos" de mi canal de YouTube: **https://www.youtube.com/@SantiPazhin**

- Algunos ejercicios forman parte de los quince que incorporo en mi curso de audios u *online*: "Técnicas de relajación y autocontrol mental y emocional", dirigidos a eliminar el estrés, la ansiedad, el nerviosismo y el insomnio, y que puedes conocer entrando en la tienda de mi web: **www.yogaceysi.com.**

- Otros ejercicios puedes conocerlos o solicitarlos entrando en la tienda de mi web: **www.yogaceysi.com.**

- Finalmente otros ejercicios forman parte del curso profesional del CEYSI "Monitor de relajación y desarrollo personal" o "Profesor de yoga integral", pero que podrás practicar a través de la web: **www.yogaceysi.com.**

Prólogo

Incluyo aquí, a modo de prólogo, comentarios de algunos de los colaboradores que asiduamente acuden a mi programa de radio para ofrecer su opinión sobre mi larga trayectoria profesional y sobre el contenido de la presente obra.

Conseguir controlar tu mente no es fácil, para la gran mayoría es un reto complicado. Con este libro de relajación, Santiago "Pazhín", director del CEYSI®, hace fácil conocerse a uno mismo y controlar sus emociones, para entrar en un estado de tranquilidad y autoconocimiento, necesario para conocer la felicidad. Si llenas tu cabeza de miedos, rencores, odio y pesimismo, no dejarás lugar para tus alegrías, tus sueños, tu optimismo y tu éxito. Cuando el agua llega a su punto más profundo es cuando se encuentra más en calma. Si eres una persona calmada, serás como un árbol que da sombra, todos querrán acercarse a ti. Cuando encuentres tu propia paz no solo te beneficias a ti, sino también a los que te rodean, ya que verán en ti esa paz que quizás necesitaban. Así, sentirán empatía, y eso te ayudará a tener más amigos y que a tus seres queridos les agrade tu presencia cada vez más.

Carlos López Ramón y Cajal
Jefe de Ginecología y Obstetricia del Complejo Hospitalario Universitario de Vigo (CHUVI).

Vivimos en la sociedad de las prisas: tenemos prisa por comer, por viajar, por trabajar, por divertirnos; tenemos prisa por vivir y prisa por morir, muchas veces hasta nos matamos atándonos prematuramente. El fuego que quema rápido da mucha luz y calor, pero pronto se consume. Tenemos que aprender a controlar ese tiro de nuestra chimenea vital que se llama estrés. El estrés es necesario para la vida, sin él se nos haría insoportablemente aburrida, pero en exceso y descontrolado nos produce una existencia superficial y baldía. El estrés son los caballos que tiran del carro. Debemos controlarlos nosotros a ellos y no ellos a nosotros, de lo contrario el carro irá dando botes hasta estrellarse. El antídoto del estrés es el relax. En este mundo chiflado en el que nos tocó vivir cada vez es más imprescindible dedicarle un tiempo todos los días. Parar unos minutos el mundo, bajarse, sentarse, dejar la mente en blanco, cerrar los ojos y mirar hacia adentro. Nuestro cuerpo y nuestra mente rápidamente nos mostrarán su gratitud en forma de salud, fuerza vital e ilusiones. Haz un reset *en tu mente todos los días y párate a pensar si realmente has vivido o simplemente solo has acumulado prisa y más prisa por morirte antes. Este manual práctico del profesor Santiago "Pazhín" es sin duda un bálsamo para aportar al cuerpo el descanso que precisa y la serenidad necesaria a la mente.*

Doctor Santiago Calviño Otero
Dermatólogo. Clínica Galeno (Vigo).

Yoga es la unión de lo terrenal con lo sublime. Meditación tiene la misma raíz que la palabra medicina: es la medicina del alma, es una de las cuatro patitas del yoga. Es imposible vivir —sí sobrevivir— si mantenemos el estado de estrés actual. La relajación sagrada se obtiene con el yoga, la respiración y la meditación, los cuales son la llave para liberarnos del actual estado de alienación, de tenso adormecimiento, de adoctrinamiento patológico y robotización, causados por haberse decantado el mal llamado primer mundo por lo que Erich Fromm denominó el miedo a la libertad. El profesor Santiago "Pazhín", en este sencillo manual, como especialista en estas ciencias, te será de inestimable ayuda para gestionar los enemigos del siglo XXI: estrés y ansiedad.

Doctor Juan José Núñez Gallego
Director del Centro Médico Gallego (Vigo).
Director de la casa de reposo y escuela de salud
Quinta da Calma (Mondariz).

Desde muy niños, prácticamente desde que nacemos, se ponen en juego nuestros mecanismos de supervivencia. Nuestro sistema nervioso se activa para poder afrontar una serie de desafíos del ambiente. Este tipo de respuestas son absolutamente necesarias, pero hay un momento en el que puede ocurrir un agotamiento debido a la sobretensión que necesitamos para seguir adelante, especialmente cuando somos adultos y tenemos toda una serie de situaciones cada día que provocan estrés en nosotros. Las técnicas de relajación ayudan a que nuestro sistema de cuerpo-mente recupere su nivel de funcionamiento adecuado.

Si hacemos un símil con los automóviles, necesitamos bajar las revoluciones para evitar que el motor sufra. Desde el momento en que aprendemos a relajarnos, podemos empezar a notar beneficios. Los más habituales son: mejora de la concentración, sueño reparador, mayor capacidad para disfrutar nuestra vida, aumento general de la tranquilidad, disminución de molestias psicosomáticas o mayor facilidad en las relaciones interpersonales. En general, se necesita una ayuda para iniciarse en este tipo de técnicas, que van a tener un efecto armonizador para prácticamente cualquier persona. En este manual del profesor Santiago "Pazhín" encontrarás algunas de ellas.

Isidro Pérez Hidalgo

Psicólogo clínico. CHC Psicólogos (Madrid).

Por mi trabajo y en el mundo en el que me muevo profesionalmente, he necesitado acudir muchas veces a la Relajación mental para poder afrontar los problemas del día a día con mayor fuerza y responsabilidad. El mundo del Derecho Procesal es complejo y el estar anímicamente equilibrado es esencial y fundamental. El trabajo de Santiago "Pazhín" en este campo es extraordinario, lo conozco hace muchos años y estoy seguro de que, una vez más, podrá ayudar a mucha gente con este Libro.

Carlos Borrás Díaz de Rábago

Abogado en Borrás y Parapar Abogados (Vigo).

El porqué de este manual

La prisa, un mal del siglo

La respuesta a por qué he escrito este libro es obvia. No hay más que ver el estado sufriente y enfermizo de nuestra sociedad actual —a pesar de tanto adelanto tecnológico— para comprender lo urgente de un cambio de actitud mental ante la vida, además de incluir la práctica imprescindible de técnicas sencillas y naturales como las que recoge esta obra. Este es el lema de mi camino de vida desde hace más de cuarenta y cuatro años que llevo consagrado a la difusión del conocimiento y al servicio a la humanidad: el mejoramiento de la sociedad y del mundo comienza por el mejoramiento del individuo.

A pesar de que el siglo xx fue considerado el del estrés por antonomasia, no hemos aprendido nada. La medicina convencional demuestra carecer de los medios para eliminarlo, como es obvio al observar a nuestro alrededor. Esto es así hasta tal punto que basta decir, como dato, que ocho de cada diez personas están estresadas en el mundo. A esto se han sumado los desastres psicológicos y emocionales generados recientemente, debido al miedo y la incertidumbre surgidos de la pandemia, la crisis económica o las nuevas alarmas por la posibilidad de que estalle una nueva guerra mundial o nuevos brotes de virus o epidemias. Lo negativo de este asunto es que los nocivos y devastadores efectos colaterales del estado actual de nuestra sociedad ya han comenzado a provocar graves consecuencias en la salud, la mental y la emocional, de las personas, lo que hace urgente empezar a utilizar otras alternativas diferentes a la que ofrecen los medicamentos o los psicofármacos, para evitar sus graves efectos secundarios. Además, desde hace años han demostrado que son ineficaces para eliminar las tan extendidas dolencias psicofísicas y psicosomáticas como las que viene padeciendo la humanidad.

Los trastornos psicosomáticos

De hecho, y de acuerdo con la OMS, más del 80 % de las causas de cualquier enfermedad, dolor o sufrimiento tienen un origen psicosomático, lo que nuestra medicina convencional denomina *enfermedades de la civilización.* Tal afirmación coincide plenamente con el pensamiento de la sabiduría de los grandes yoguis, quienes desde tiempos antiguos afirman que más del 70 % de las enfermedades y dolencias son **autocreadas,** es decir, creadas por la persona que los padece, debido al uso nefasto y negativo de sus propios pensamientos, sentimientos y emociones. ¿Qué se puede entender entonces por trastorno psicosomático? Pues, sencillamente, aquellas dolencias o patologías que se manifiesta a nivel fisiológico, pero cuya causa se encuentra en la psiquis, es decir, en la mente. Por otro lado, el estrés en sí mismo no es una enfermedad, pero conlleva a crearlas. Es la primera causa de muerte en la sociedad moderna y la razón primera de las bajas laborales, además de la raíz de los trastornos psicosomáticos que agobian a la sociedad moderna, y que generan tanto sufrimiento y enfermedad, sin que la farmacología pueda solucionarlo.

El desenfrenado modo de vida de la denominada civilización moderna es la causa de la mayor parte de las dolencias, de las enfermedades y del sufrimiento emocional que agobian a la humanidad, en especial del estrés.

Observando la vida cotidiana de muchas personas en cualquier ámbito social, se puede observar la prisa, el agobio y el ritmo acelerado en los que están: esclavos del reloj, las preocupaciones constantes y agobiados por los problemas. Expresiones como "No tengo tiempo" o "Tengo mucha prisa" se pueden oír múltiples veces a lo largo de un día cualquiera. Se habla deprisa, se come y se camina apresuradamente, o se lleva un ritmo acelerado de trabajo, cargados de preocupaciones que siguen alimentándose diariamente y que a nada bueno nos llevan. Esto denota la presión y las tensiones con las que múltiples personas se desenvuelven en su vida cada día, lo que les causa estrés y sus nefastas consecuencias, además de no permitirles llevar la vida social, familiar o de ocio que les gustaría, y de enfermarles, envejecerles y acortar sus vidas.

Hasta los niños, y por supuesto los adolescentes, viven con prisa y tensión constantes, al verse sometidos a la tensión escolar o a las actividades extraescolares —que en muchos casos resultan excesivas—, estos últimos con perspectivas negativas en un futuro incierto que parece aportar escasas posibilidades de encontrar un trabajo digno y rentable. A todo esto hay que sumarle el temor que generan los diferentes medios de comunicación, que constantemente nos bombardea con noticias negativas, relacionadas con el cambio climático, la contaminación, las crisis económicas, la delincuencia, las drogas, las epidemias, las bandas callejeras, los enfrentamientos raciales o de diferencia de género, o la pandemia y sus múltiples secuelas. Todo ello está llevando al ser humano a vivir en un constante estado de insatisfacción, incertidumbre, temor y excitación mental y nerviosa, que culmina en el fatídico estrés, ansiedad, angustia, depresión, insomnio, y por desgracia a tendencias suicidas (el enemigo invisible), lo que crea una humanidad enferma y sufriente. Y la medicina convencional no parece ser la solución. Pareciera que muchas personas quieren que su vida pase deprisa, pero no solo no la disfrutan, sino que, además, más que vivir, sobreviven esclavos del reloj y del modo actual de la llamada vida moderna.

Se hace urgente armonizar nuestro ritmo de vida, a pesar de las constantes adversidades que esta conlleva, si queremos frenar trastornos como el estrés, la angustia, el nerviosismo o la ansiedad. Hay que aprender a vivir el día a día, adoptando una actitud más positiva que nos aporte la serenidad y paz interior que precisamos. Las técnicas que incorpora esta obra te serán de valiosa ayuda terapéutica a este respecto.

¿Son los psicofármacos la solución?

Como dato, cabe recordar que la Junta Internacional de Fiscalización de Estupefacientes dice que España es el país del mundo con mayor consumo legal de benzodiacepinas. Por la toxicidad y la capacidad de generar de adicción de este fármaco no suele aconsejarse su tratamiento durante más de tres semanas, algo que ningún paciente suele cumplir al desconocerlo o no solucionar su problema. Y aquí hablo basándome en la observación de múltiples pacientes atendidos durante más de treintaicuatro años de profesión. Algunos de ellos con más diez, quince o veinticinco años de tratamientos psiquiátricos o farmacológicos, o incluso psicológicos en muchos casos, sin encontrar la solución. Y es que, es obvio, los psicofármacos **no son la solución.**

A pesar de que habitualmente médicos y psiquiatras disponen de nuevos y más potentes productos, las personas que padecen de estrés, ansiedad o depresión aumentan día a día en el mundo, lo cual es una contradicción. Estos problemas se han convertido en una verdadera pandemia sanitaria. El consumo de medicamentos para la ansiedad (o la depresión) registró en 2020 la cifra más alta de consumo de la última década, y en el 2022 sigue creciendo. Habitualmente, la prescripción de ansiolíticos se da, en su mayor parte, en atención primaria, como solución al problema. Los que allí atienden lo hacen de manera abusiva. Estos, al no haber estudiado nada en la Facultad de Medicina, desconocen la influencia que los pensamientos y las emociones generan en el organismo. Esto, lejos de eliminar el problema, lo acentúa o lo cronifica, además de generar discapacidad, acidificación del organismo por drogas tóxicas o crear una seria adición, algo que en su momento conllevará mucho tiempo, voluntad y esfuerzo poder superar. Nuestra medicina actual se encuentra totalmente deshumanizada. Resulta más fácil recetar que escuchar, y buscar las verdaderas causas de dolencias como la ansiedad o la depresión. Y ello, a pesar de tener como ejemplo y padre de la medicina occidental al sabio griego Hipócrates (569-475 a. de C.), calificado curiosamente como el padre de la medicina humanista. Así habla en su conocido *juramento hipocrático* sobre el médico que culmina su carrera: "La salud y la vida del enfermo serán las primeras de mis preocupaciones [...] Recordaré que [...] la calidez humana, la compasión y la comprensión pueden ser más valiosas que el bisturí del cirujano o el medicamento del químico [...] No mantendré otro propósito que el bien y la salud de los enfermos [...]".

Las enseñanzas y principios hipocráticos, generalmente olvidadas por la mayoría de los profesionales de la salud académica son parte de la base de mi consulta. También la expongo en mis vídeos, conferencias, talleres y cursos de formación.

¿Hay otras soluciones sociales o sanitarias?

A mí no me sirve la excusa de los organismos sanitarios cuando dicen que carecen de los suficientes profesionales expertos en salud mental, dado que hay otras formas de combatir los trastornos psicosomáticos, y es enseñar a evitarlas. Pero eso esa es otra cuestión. ¿Qué quiero decir? Pues que el mejor modo de evitarlas es por medio de la educación. ¿Te imaginas que desde corta edad se incluya en los colegios asignaturas como: Influencia de los Pensamientos y las Emociones en el Organismo y que se nos enseñe lo que denomino *cultura mental-emocional,* en la que se enseñara a los niños a programar positivamente su cerebro y al uso igualmente positivo de su mente, sus pensamientos, sus sentimientos y sus emociones? Me pregunto por qué no se hace. ¿Tal vez hay intereses en que crezcamos y vivamos enfermos? Dejo esa respuesta para que te la respondas y añado una nueva frase de Hipócrates: "La mejor medicina de todas es enseñarle a la gente cómo no necesitarla". Aunque, en honor a la verdad, también debo decir que, así como hay malos profesionales, también hay malos pacientes. Estos son aquellos que solo utilizan la comodidad de las pastillas para intentar curarse, en lugar de poner esfuerzo y tesón en realizar los cambios necesarios para sanarse. Algo que también dijo Hipócrates a sus alumnos: "Si alguien desea una buena salud, primero debe preguntarse si está listo para eliminar las razones de su enfermedad. Solo entonces es posible ayudarlo".

La segunda medida que se debe tomar, a mi modo de ver —que tampoco se hace—, es la de darle prioridad a **educar al educador,** para que estos eduquen positivamente a sus alumnos, y los padres a sus hijos, a la vez que se reeduque a los adolescentes, adultos y mayores. Como afirman las neurociencias, nuestro cerebro puede cambiar, reaprender y reeducarse en cualquier edad, debido a su fascinante capacidad de neuroplasticidad, algo que podemos hacer hasta el último suspiro de nuestra vida. Me surge una nueva pregunta: ¿por qué los organismos políticos y sanitarios no realizan campañas de información en los medios de comunicación para inculcar estos conocimientos, entre otros, a la población? Aquí debo exponerte una sabia frase que leí en mi adolescencia de otro gran sabio griego. Esas palabras influyeron profundamente en mi decisión de consagrar mi vida al mundo de la enseñanza y de la comunicación, en campos como el de la salud y el bienestar. Lo dijo Pitágoras (569-475 a. de C.), considerado el padre de la filosofía occidental: "Si educáis a los niños evitaréis castigar a los hombres".

¿Y qué decir de la nefasta frase que usan algunos médicos, "a falta de terapias, buenas son las pastillas"? Esta frase se encuentra dentro del ideal médico y me parece de una falta total de dignidad y decoro profesional, ya que se saltan nuevamente el juramento hipocrático, que dice: "Si no puedes hacer el bien, al menos no dañes". O esta otra: "No hay que llevar otro propósito que el bien y la salud de los enfermos".

Yo creo en dos tipos de medicina. Por un lado, la preventiva, enfocada más en cuidar la salud que en pretender curar la enfermedad. Por otro lado, la humanista, que ejerce la medicina con genuino amor al prójimo y que está sostenida por dos pilares, la ética y la moral; aquella que respete además los derechos humanos de sus pacientes, tratándoles con atención y comprensión, es decir, como seres humanos y no como un número en una cartilla sanitaria. Dejando a los médicos aparte, y resumiendo a modo personal, derivado de mi experiencia profesional de observación y estudio, no creo en los psicofármacos como solución ante los estados de estrés, ansiedad, nerviosismo, depresión o trastornos del sueño, entre otras dolencias psicosomáticas, ya que siempre van al efecto en lugar de tratar la causa. Algo que de nuevo contradice totalmente las sabias enseñanzas de Hipócrates, que como dije son pieza clave en mi consulta y actividades profesionales, y que debieran serlo igualmente para todo profesional de la salud que se precie.

Guía práctica

El asunto que trata este libro es muy amplio. Esta obra no es más que una introducción. Aun así, cumple la función práctica de ofrecerte pautas y herramientas terapéuticas de gran utilidad y reconocidas por la ciencia para gestionar y reducir estos males. Te servirá de breve guía, como primer paso en tu camino hacia el mejoramiento y el bienestar psicoemocional y fisiológico que deseas obtener. Lo he dividido en cuatro capítulos. En el primero te ofrezco información para que conozcas las causas y las soluciones prácticas para prevenir y eliminar estos problemas. En el segundo incorporo pautas sobre los cambios que debes trabajar en tu propia persona. En el tercero te enseño diferentes técnicas de más que favorables y comprobados resultados, para que comiences a convertirte en gran parte en tu propio terapeuta, ante la solución al estrés y la ansiedad, así como a otros trastornos de tipo psicosomático. Y en el cuarto aporto una sencilla guía de cómo debes poner en práctica los diferentes ejercicios que incorpora el libro.

Primera parte

Teoría
Estrés, ansiedad y trastornos psicosomáticos

¿Qué se entiende por el estrés?

En realidad, el estrés es un mecanismo de defensa natural del cuerpo que nos lleva a reaccionar ante una determinada situación de peligro, de alarma o demanda. Lo que es negativo es la forma como reaccionamos ante él o mantenerlo de forma prolongada. En este punto es obvio destacar que no todo el mundo tiene las mismas respuestas o reacciones ante un mismo agente estresante.

En el pasado, el hombre debía vivir al aire libre y en plena naturaleza. Dependía de la caza para sobrevivir. Tenía que mantenerse en constante estado de alerta, preparado para enfrentarse a cualquier situación de riesgo que se presentase, como el ataque de depredadores. Este es el llamado *estrés positivo,* que nos alerta del peligro y nos predispone al ataque o para una rápida huida ante una determinada amenaza. Sin ese estrés o mecanismo de alerta natural en el pasado remoto, por ejemplo, ante un león de dientes de sable, seríamos fáciles presas para el animal. Para protegernos, la biología humana desarrolló mecanismos rápidos y naturales de defensa, predisposición al ataque o huida. Esos mecanismos son químicos. Hoy día lo denominamos situación o estado de estrés activado por el cerebro, o "Mecanismo De Supervivencia" (MDS).

Ante un estado de alerta o de peligro inminente, nuestro cerebro, por medio del MDS, pone en marcha el bloqueo, te prepara para que te defiendas o para que huyas. Sin ese tipo de estrés o mecanismo de alerta positivo, tu vida podría estar en juego en múltiples situaciones.

A ese estado le podemos denominar *estrés bueno* o *positivo*, dado que gracias a él podamos salvar la vida en una determinada situación. Este estrés creado por el MDS es, por tanto, un mecanismo natural de protección ante cualquier señal de peligro. Trayéndolo a nuestro tiempo, te pondré unos sencillos ejemplos:

El bloqueo. Imagínate que estás cruzando una carretera y que vas despistado, mirando el móvil. De pronto escuchas el claxon de un coche que viene a toda velocidad a cinco metros de donde te encuentras. Ante esa situación, en tan solo unos segundos, no tienes tiempo para pensar cómo reaccionar ante el peligro inminente de ser atropellado, así que tú cerebro lo hace por ti poniendo en marcha el MDS. Este actúa automáticamente, activando una de las tres opciones de ese mecanismo: te bloquea y te mantiene inmóvil, te prepara para defenderte o para huir, y echar a correr para esquivarlo. Aquí, una fracción de segundo, de acuerdo con la acción seleccionada, puede llevarte a perder la vida o salvarte. Generalmente, ante esta situación (como podría ocurrir por ejemplo ante la presencia amenazante de un perro grande), el MDS te bloquearía manteniéndote inmóvil, para darle el tiempo suficiente al conductor para que reaccione y pueda esquivarte, ya que no te daría tiempo a correr, y mucho menos vas a enfrentarte al coche.

El ataque. Imagínate ahora que te encuentras de noche saliendo de tu garaje tras haber aparcado el coche. De pronto observas que una persona se acerca hacia ti con la intención de robarte o agredirte. Mientras te pones a pensar qué hacer puede que ya lo tengas encima. Si te quedas bloqueado es la peor solución. Si decides huir, al estar el portalón cerrado no te daría tiempo, así que posiblemente tu MDS activaría la opción de defenderte. En tal caso, el cerebro comienza a enviar más sangre a la amígdala cerebral para aumentar tu adrenalina, a la vez que a los brazos y a los músculos de acción. Para ello anula enviar sangre a otras zonas, como por ejemplo tu aparato reproductor, tu sistema urinario…, y especialmente al digestivo. Se paraliza el proceso de la digestión, porque en ese momento ni ese ni ninguno es prioritario, ya que lo que está en juego es tu vida. De aquí surge la clásica expresión ante un peligro de este tipo —con perdón—: *orinarse* o *cagarse de miedo,* ya que al desactivar los órganos correspondientes sus funciones se desactivan, lo que podría provocar estas reacciones biológicas. Estas reacciones volverían a activar progresivamente ante la ausencia de peligro.

La huida. Ahora imagínate saliendo del garaje de noche. En una esquina de la calle te ataca un grupo de gamberros con palos y navajas, con la intención de divertirse a tu costa. Ante esta situación, tu MDS no te bloquearía, ni te prepararía para la lucha porque estás en total desventaja, sino que activaría el mecanismo de huida. Actuaría de forma similar a la anterior, pero en esta ocasión enviando más sangre a las piernas para salir corriendo a toda velocidad. De aquí la igualmente clásica expresión *salir corriendo como un galgo.*

Profundizando en los mecanismos de supervivencia y de adaptación

Todos los animales, desde los más primitivos a los más complejos, responden ante una amenaza de peligro o de supervivencia atacando, huyendo o haciéndose el muerto. Solo que, una vez desaparecida la situación estresante, vuelven a la normalidad, mientras que el humano la sigue manteniendo, pues la ha grabado en su subconsciente, aunque ya no exista en la realidad. Esto sucede por ejemplo con el estrés postraumático, vivido después de una fuerte experiencia emocional como un divorcio no deseado, un engaño amoroso, la pérdida de un ser querido, o, entre otros muchos casos, el que experimentan los soldados combatientes durante una guerra o al finalizarla. Aunque es sabido que, ante las mismas situaciones estresantes, cada persona, de acuerdo con su estado anímico o conocimiento o no de las estrategias antiestrés, supera o sucumbe ante la misma situación estresante. De aquí la ventaja de conocer el funcionamiento de los mecanismos cerebrales, junto a la actitud mental más adecuada a cada situación para superarla con éxito. Veamos este proceso superficialmente.

Como dije, el organismo reacciona automáticamente consciente o inconscientemente ante una situación externa (estresor), que el cerebro interpreta como de alerta ante un peligro, amenaza o situación inminente creando cambios físicos y químicos en el organismo. Y lo hace poniendo en marcha en el cerebro uno de los dos mecanismos habituales —ya citados— que hemos desarrollado a lo largo de más de doscientos millones de años de evolución cerebral. Ampliaré lo expuesto anteriormente.

Ante un peligro inminente, al estar en juego la vida, el cerebro actúa sobre el sistema neuroendocrino distribuyendo determinadas hormonas por el torrente sanguíneo. Esto genera diferentes reacciones que nos predisponen a la defensa, el ataque o la huida. Por ejemplo, ordena al corazón enviar rápidamente más sangre aumentando la respiración y cargándola de oxígeno, además de mandar azúcar y otras sustancias a los músculos de las piernas, para poder salir huyendo a toda velocidad; o hacia los brazos si hay que prepararse para la defensa. Llega a aumentar la fuerza muscular hasta cinco veces más de lo normal. Para ello el organismo roba la sangre de zonas que ante un peligro externo inminente no se precisa, como el sistema reproductor o el digestivo. Se puede provocar de ese modo la paralización de la digestión o provocar una fuerte diarrea o liberación de orina. El problema surge cuando estos mecanismos naturales de defensa se mantienen activos ante un peligro o una amenaza inexistente. En tal caso, el corazón trabaja aceleradamente del mismo modo que ante una señal de alarma o peligro real, algo que provoca habitualmente al mantener pensamientos negativos como el miedo, la preocupación o la incertidumbre, al activarse y mantenerse así permanentemente el MDS. Es precisamente este hecho el que lleva a mantener un estado de estrés alto o distrés, lo que provocará serios daños al organismo. Por ejemplo, las clásicas taquicardias, hipertensión arterial, dolor o presión en el pecho, disfunciones digestivas o gástricas y duodenal, obesidad, nerviosismo y otras muchas de las que hablaré más adelante. Adelanto la más clásica: la ansiedad.

Por otro lado, cada hemisferio cerebral tiene su propia glándula amígdala en la parte frontal del cerebro, las cuales forman parte del sistema límbico, relacionado con las emociones, especialmente las de supervivencia. La amígdala detecta cualquier señal de alerta o de peligro que proceda del exterior. A partir de ahí pone en marcha una serie de procesos bioquímicos que activan el MDS. El inconveniente de lo expuesto es que la amígdala también se activa por medio de los pensamientos negativos, o ante una situación difícil o adversa que no aceptamos o que rechazamos. O incluso ante algo que simplemente imaginamos o vivenciamos como algo peligroso, o que nos crea temor o indecisión, aunque sea un temor infundado. Al mismo tiempo se desactiva el neocórtex, la parte encargada del razonamiento, anulando el MDA, que nos permitiría buscar la mejor solución ante cualquier adversidad.

Sería el mecanismo automático que nos llevaría a actuar positivamente ante ella, que activaría nuestra capacidad creativa, la cual nos llevaría a tomar la decisión más inteligente a cada caso, y eso nos evitaría paralizarnos o desesperarnos.

Es obvio que, ante una adversidad cotidiana como puede ser una enfermedad, un problema económico, una avería en la autopista, etc. no vas a necesitar tus músculos para defenderte o para huir, ni debes bloquearte. Ante situaciones similares, el MDS es inadecuado y perjudicial, ya que lo que precisas es usar tu inteligencia, tu creatividad y tu capacidad de tomar la decisión más adecuada a cada situación, y para ello debes poner en marcha el MDA.

Basta con mantener pensamientos o imaginarnos algo malo que pueda sucedernos en el presente o en el futuro para que automáticamente se active la amígdala y nos mantenga en estado de alerta permanente innecesario por algo irreal.

Ante la amenaza real y la inexistente

Por otro lado, nuestro sistema nervioso no distingue entre estresor físico y real de otro meramente mental. Es normal sentirnos estresados ante un accidente de coche que estamos a punto de sufrir, o si existe un peligro real de ser atropellados, o ante la amenaza de ser atacados por un perro furioso. De igual manera reaccionamos pensando en un futuro examen, o cuando tengamos que hablar en público, o ante cualquier reacción de tipo fóbico. En general, se trata de la adaptación del organismo a la dinámica de la vida cotidiana (los estresores). Al igual que cada uno de nosotros somos únicos y diferentes, también la manera como se manifiesta el estrés es diferente para cada persona, aunque compartamos muchos de sus síntomas.

Para que resulte sencillo de entender, ante un estado de alerta o de peligro inminente real, nuestro cerebro, por medio del MDS, pone en marcha el bloqueo, la preparación para que te defiendas o huyas. Sin ese tipo de estrés o mecanismo automático de alerta positivo, tu vida podría estar en juego en múltiples situaciones. Sin embargo, ante un estado imaginario o irreal de amenaza o peligro, como el de mantener en la mente de forma prolongada un pensamiento o creencia de que algo malo va a pasarte en el futuro, o que no podrás superar una determinada situación difícil real en el presente, el MDS es el menos adecuado, dado que nos lleva a bloquearnos, creando un estado de temor, ansiedad, angustia, pesimismo y otros similares que nos impedirá razonar y ver la realidad, y generando un estado de estrés malo, altamente dañino.

De aquí la importancia de conocer pautas psicológicas y técnicas adecuadas para mantener la calma ante las dificultades utilizando el MDA; permitiéndonos pensar positivamente, deducir, analizar y superar la situación por medio del uso de la creatividad, el raciocinio, la inteligencia y la toma de decisiones; pudiendo convertir una situación de crisis en una posibilidad de cambio, en una oportunidad de crecer y recomenzar, cual ave fénix que resurge de sus cenizas. Albert Einstein, en torno a la utilización del neocórtex y a nuestra capacidad de adaptarnos a cualquier situación por adversa que sea, escribió:

> *No pretendamos que las cosas cambien si siempre hacemos lo mismo. La crisis es la mejor bendición que puede sucederle a personas y países, porque la crisis trae progresos. La creatividad nace de la angustia como el día nace de la noche oscura. Es en la crisis nace la inventiva, los descubrimientos y las grandes estrategias. Quien supera la crisis se supera a sí mismo sin quedar superado. Quien atribuye a la crisis sus fracasos y penurias, violenta su propio talento y respeta más los problemas que las soluciones. La verdadera crisis es la crisis de la incompetencia. El inconveniente de las personas y los países es la pereza para encontrar las salidas y las soluciones. Sin crisis no hay desafíos, sin desafíos la vida es una rutina, una lenta agonía. Sin crisis no hay méritos. Es en la crisis donde aflora lo mejor de cada uno, porque sin crisis todo viento es caricia. Hablar de crisis es promoverla y callar en la crisis es exaltar el conformismo. En vez de esto, trabajemos duro. Acabemos de una vez con la única crisis amenazadora, que es la tragedia de no querer luchar por superarla.*

Teoría de los tres cerebros

De acuerdo con la teoría evolutiva del *cerebro triúnico* propuesta por el médico y neurocientífico americano Paul Maclean en 1950, nuestro cerebro está formado por la superposición de tres que trabajan conjuntamente: el más primitivo es el reptiliano o paleocórtex, cuyas funciones son las de la supervivencia; le sigue en evolución el límbico o paleomamífero relacionado con las emociones; por último, el más moderno, la neurocorteza o neocórtex, exclusivo en los seres humanos, que aporta la capacidad de razonar. De predominar los dos primeros activaremos el MDS, pero si predomina el MDA utilizaremos el tercero y usaremos la razón, la creatividad, la deducción o la toma de las decisiones más adecuadas para la resolución de problemas.

Historia y origen de la palabra *estrés*

En la antigüedad ya se conocía el estrés, pero con otros nombres. De ello hablaban personajes como Heráclito, Empédocles, Hipócrates o Epicuro. Sería en el siglo XVII cuando el biólogo y físico inglés Robert Hooke lo entendió como tensión, es decir, como "una fuerza interna generada en el cuerpo por la acción de otra que tiende a hipertensionarlo". En 1929, el fisiólogo estadounidense Walter Cannon, investigando sobre los procesos fisiológicos causados por la percepción de las situaciones adversas o amenazantes, reconoció que los estresores pueden ser físicos o emocionales. Esto le llevó a introducir el concepto *lucha huida* como la respuesta que nos prepara para enfrentarnos a las amenazas y que produce un debilitamiento de los procesos homeostáticos. Los denominó *niveles críticos de estrés*. Más tarde, en el año 1935, el doctor Hans Hugo B. Selye, fisiólogo y médico austriaco —posteriormente naturalizado canadiense—, que fue director del Instituto de Medicina y Cirugía Experimental de la Universidad de Montreal, estudiando las reacciones del organismo ante los diversos estímulos cotidianos utilizó por vez primera el término *estrés* para denominar "la respuesta biológica natural que el organismo genera ante los diversos estresores o estímulos determinados". A esa respuesta la denominó *síndrome general de adaptación,* por lo que se le considera el padre del estudio del estrés. En resumen, describió el estrés en tres etapas de adaptación:

- Alarma de reacción cuando el cuerpo percibe el estresor.

- Fase de adaptación, cuando el cuerpo reacciona ante el estresor.

- Fase de agotamiento, cuando de acuerdo con su intensidad y duración se mantiene o permanece en el tiempo y daña al organismo.

La palabra *estrés* deriva del griego *stringere,* que significa: "provocar tensión". En su sentido literario, el término es una adaptación al castellano de la voz inglesa *stress*, traducido como "tensión o esfuerzo". Esta palabra igualmente se utiliza en física para referirnos a la fatiga experimentada por un material al ejercer una presión sobre él. Por tanto, el estrés "es una reacción fisiológica del organismo ante una situación que se percibe como amenazante, peligrosa o con una excesiva demanda de acción inmediata". En cuanto al estrés positivo, puede entenderse como "un mecanismo natural y automático de protección provocado por el organismo a modo de la respuesta adecuada ante una determinada situación que percibimos como amenazante o desafiante". Aunque aquí debo matizar que, a pesar de ser automática, podemos modificarla con nuestros pensamientos, como te explicaré en su momento.

¿Cuáles son los estresores principales?

Generalmente son de tipo **mental y emocional,** y surgen de la calidad de nuestros pensamientos, sentimientos y emociones, así como de la actitud mental con la que nos enfrentamos a las contrariedades, circunstancias o situaciones imprevistas, difíciles, adversas o dolorosas que percibimos consciente o inconscientemente en la vida cotidiana. Es lo que comúnmente entendemos como un problema o situación problemática. Si bien hay una gran diversidad de estresores que pueden llevarnos a perder el control y entrar en estado de alerta, pánico, desesperación o bloqueo mental, los más destacados suelen tener relación con enfermedades severas, conflictos personales (laborales, profesionales, familiares, económicos, afectivos o del entorno social), o de la rabia ante los desengaños y las injusticias, al sentirnos incapaces de enfrentarnos e ellos o superarlos, lo que nos lleva a vivir presionados por las constantes preocupaciones cotidianas, y por consiguiente, al correspondiente estado de estrés. De ahí entramos a su vez en el abismo de trastornos psicoemocionales como la ansiedad, la depresión, la angustia, el decaimiento, la desesperación, el miedo, el bloqueo o la incertidumbre; o un sinfín de patologías orgánicas como las del sistema cardiovascular, el sistema nervioso, el neuroendocrino o el digestivo, además de múltiples desarreglos relacionados con el sueño, que padecen cada vez más personas en la sociedad actual.

Ante una situación inesperada de difícil solución solamente nos quedan dos salidas: enfrentarnos a ella y superarla progresivamente, si tiene solución; o bien adaptarnos a ella, si no la tiene. Ante ello, la actitud mental con la que interpretamos la situación o nos enfrentamos a ella es fundamental. Como he ido contando —y seguiremos viendo más adelante—, la decisión o actuación por la que decidirse en múltiples ocasiones, dependiendo de cuál sea esta, puede llegar a ser tomada automáticamente por nuestro cerebro o voluntariamente por nuestra capacidad de raciocinio y voluntad.

Estrés: diferencia entre el positivo y el negativo

El diccionario define la palabra *estrés* así: "Situación o estado de un individuo vivo, o de alguno de sus órganos o aparatos, que por exigir de ellos un rendimiento muy superior a su capacidad lo predispone a enfermar". No habla del denominado estrés bueno o necesario, que es el de mantenernos alerta ante determinadas situaciones de la vida. Por ello —aunque en el libro sigo utilizando más la palabra *estrés*—, debemos diferenciar los diferentes grados:

- El *eustrés,* el aspecto positivo del estrés. Surge de una reacción natural necesaria para la supervivencia y la vida cotidiana, que nos permite estar activos, tener entusiasmo, ser más emprendedores, creativos...

- El *distrés* es el aspecto negativo del estrés y resulta tremendamente perjudicial para el funcionamiento y el buen estado del organismo. Aparece cuando se produce una respuesta exagerada ante una adversidad, problema o situación difícil o dolorosa de la vida. Nos sentimos desbordados por la situación al creer que no podemos hacerle frente, que no podemos solucionarla. Caemos así en estados depresivos, de desesperación, de ansiedad, de temor o en otros estados emocionales similares.

Causas del distrés

El estrés malo o *distrés* surge cuando vivimos permanentemente en estado de alerta ante una situación inesperada y no asumida, que no deseamos ni aceptamos, ante la cual nos rebelamos. Al no aceptarla nos sentimos incapacitados para superarla y creamos una resistencia, la cual, si la mantenemos en el tiempo, terminará por sobrepasarnos y llevarnos al pánico, el enfado, la ira, la desesperación, la incertidumbre, etc. En esos casos activaremos el MDS, que nos llevará a vivir en hipertensión y descontrol mental y emocional. De mantenerse esta situación en el tiempo, tendrá los correspondientes efectos negativos y perjudicará nuestra salud física —especialmente la del corazón— y mental. Como ejemplo, es como agitar rápida y continuamente una botella de champán, lo que provocará que la presión motivada por el gas en su interior vaya aumentando. Lógicamente terminará por explotar. Para evitarlo solo hay dos salidas: quitarle el corcho para dejar salir la presión o dejar de seguir agitando la botella. Del mismo modo, una persona que vive sometida a una presión constante, ocasionada por ejemplo por situaciones de estrés, al sobrepasar su línea de resistencia (resiliencia), el organismo terminará por sufrir múltiples desórdenes que culminarán en patologías fisiológicas tales como desórdenes cerebrales, nerviosos, inmunitarios, digestivos, cardiovasculares, endocrinos, musculares, reumáticos, inflamatorios…, además de otros mentales, psicológicos y emocionales, como de nuevo la ansiedad, la angustia, los trastornos del sueño, la fatiga psíquica, la pérdida de memoria, la falta de atención… Como en el ejemplo de la botella, habrá que dejar de seguir viviendo en tensión y saber cómo gestionar y eliminar la ya acumulada. Pero… ello no es posible con medicamentos, dietas o infusiones —al menos únicamente solo con esos medios—, sino… **eliminando la causa** de la presión o tensión constante en la que vives sometido por tus propios pensamientos y actitud mental negativa, además de la necesidad de practicar las técnicas adecuadas de liberación del estrés, ansiedad y gestión de los pensamientos y emociones negativas.

❝Si agitas constantemente una botella de champán terminará explotando. De modo similar, si vives en constante estado de agitación mental, provocarás altos niveles de estrés y ansiedad. Como la botella a la que le quitas el tapón para liberar la presión interior, debes evitar mantener estados de constante agobio, preocupación o nerviosismo, y afrontar las adversidades de la vida con mayor positividad para prevenir estados como el estrés**❞**

Entre otras, las causas del aumento del estrés y de la ansiedad son los estresores que actúan estimulando procesos nerviosos y hormonales, que se dividen en físicos, medioambientales, sociales y principalmente mentales y emocionales. Muchos de ellos surgen al mantener preocupaciones obsesivas, vivir con miedo e incertidumbre, la muerte de seres queridos, divorcios o separaciones no deseadas, enfermedades o accidentes graves, falta de trabajo o el exceso, la jubilación, etc.

Influencia del estrés en el sistema nervioso

Debes saber que el estrés sostenido activa el sistema nervioso simpático (SNS), lo cual acelera la función de múltiples órganos y funciones orgánicas, especialmente las del corazón. Es como viajar en automóvil manteniendo constantemente el pie en el acelerador, con los consiguientes riesgos para que funcione perfectamente. Por el contrario, el sistema nervioso parasimpático (SNP) cumple la función de reducir la marcha a un nivel adecuado y sin riesgo para la conducción. Llevado a la cuestión que nos ocupa, debes entender que, mientras los elevados estados de estrés (distrés) —que están relacionados con el sns— son altamente perjudiciales para la salud y el funcionamiento de nuestro organismo —especialmente para el corazón—, por el contrario prácticas como la respiración lenta y consciente, la relajación, la meditación o la plena atención, entre otras, contribuyen a activar al snp y a generar al instante beneficios y placenteros estados de calma y tranquilidad —de autocontrol— que actúan de modo similar a un calmante o ansiolítico farmacéutico, pero sin adicción ni ningún efecto secundario.

Efectos negativos del distrés o estrés malo

Los efectos negativos del distrés son múltiples y variados. Afectan a nivel fisiológico y orgánico, mental y emocional. A pesar de no ser en sí misma una enfermedad sino un síntoma, es decir, el resultado de una vida desarmonizada, sí es la causa invisible de una gran diversidad de patologías psicofisiológicas y del sufrimiento emocional que sufren millones de personas en el mundo, sin que los psicofármacos sean su solución. De acuerdo con la medicina, seis de cada diez personas tienen en el distrés las causas de sus males. Las estadísticas demuestran que uno de cada cinco trabajadores en Europa sufría ya de los trastornos que nos ocupan, incluso antes de la pandemia. Durante y después de ella se han disparado. Profesionalmente lo considero el enemigo invisible de la llamada sociedad moderna, debido a que es la primera causa de muerte en el mundo, de bajas laborales, y de una elevada cantidad de enfermedades y dolencias psicosomáticas, fisiológicas, psicológicas y emocionales, que pueden ser pasajeras o crónicas, de acuerdo con el grado del estrés mantenido en el tiempo. Los siguientes son algunos de los efectos más destacados del estrés cuando se vuelve crónico:

Efectos fisiológicos

- Las dolencias y enfermedades cardiovasculares son los trastornos más habituales y de alto riesgo para nuestra salud. Producen, entre otros, sensación de pesadez u opresión torácica, arritmia, hipertensión o constricción arterial, placas de grasa en la sangre que bloquean el flujo sanguíneo al corazón. Puede llegar a provocarse un bloqueo arterial debido a un coágulo sanguíneo, lo que convierte al distrés en la causa de al menos el 22 % de las enfermedades cardiovasculares. Esto se debe a la acción acelerada del trabajo de bombeo y del ritmo cardiaco, lo que puede llegar a provocar un infarto de miocardio, con parada cardiaca en algunos casos y la muerte.

- Otro de los trastornos más comunes son los de tipo gastrointestinal, los que perjudican al tubo digestivo. El estrés produce en él múltiples problemas, como acidez estomacal, diarrea o estreñimiento, espasmos, úlceras gastrointestinales, sequedad de la boca y la garganta, dispepsia, indigestión, gases, ardor de estómago, hinchazón de vientre, alteraciones del apetito, intestino irritable, etc.

- Otro mal de gran riesgo para nuestra salud producido por el estrés, especialmente si es crónico, es que se convierte en inmunosupresor, es decir, reduce las funciones del sistema inmune, bajando considerablemente las defensas. Por ejemplo, el descenso de los linfocitos T y B, y de las células asesinas implicadas en la defensa contra las células tumorales y los agentes virales. Altera la importante función y equilibrio de la microbiota o microflora intestinal, lo cual nos deja más expuestos ante múltiples enfermedades como las provocadas por virus o bacterias. También se enlentece la cicatrización de heridas, la recuperación postoperatoria…

- Surge el agotamiento, la fatiga crónica, el cansancio, la falta de energía y de motivación.

- Disminuye el deseo sexual y provoca impotencia temporal en los hombres o dificultad para alcanzar el orgasmo en las mujeres. Puede afectar a la fertilidad y bloquear la menstruación. Durante la gestación puede incrementar el riesgo de aborto, generar menor peso del bebé al nacer y el aumento de partos prematuros. Puede alterar el ciclo menstrual o premenstrual, e incluso puede provocar la desaparición temporal de la regla.

- Produce diversos dolores de cabeza como las migrañas, derivadas por ejemplo de tensiones musculares en el cuello, las cervicales y los hombros.

- En los músculos genera contracturas, calambres o dolores musculares y articulares, especialmente en las rodillas, las cervicales y la zona lumbar.

- Genera un desequilibrio neuroendocrino, lo que provoca por ejemplo un elevadísimo nivel de adrenalina, noradrenalina y especialmente de cortisol. Eso nos mantiene en un estado de bloqueo, de constante alerta ante peligros inexistentes, y aumenta la tensión arterial —por la activación de la amígdala cerebral— con la sensación de ser agredidos. Nos produce también altos estados de ira y de ansiedad, dependiendo del nivel del estrés mantenido. La adrenalina por su parte contrae los vasos sanguíneos, es vasoconstrictora.

- Influye directamente en la piel generando múltiples enfermedades dermatológicas como erupciones, sarpullidos, ronchas, urticaria, dermatitis, psoriasis, envejecimiento prematuro…

- Es causa de diabetes, obesidad y aumento de peso.

Efectos psicológicos, mentales y emocionales

- Agotamiento y fatiga psíquica e intelectual, debido a la pérdida o vacío de memoria y de falta de la atención y la concentración necesarias. Esto genera indecisión ante la toma de decisiones y la solución de problemas, con lo que desciende el rendimiento intelectual.

- Alteración de la personalidad y la conducta. Genera irritabilidad, miedo o pánico, y nos lleva a actuar agresivamente. Nos convierte en personas hurañas, desconfiadas, irascibles, con mal humor y enojo al sentirnos amenazados o atacados por los demás.

- Nerviosismo y desarreglos del sueño, insomnio…

- Causa de múltiples trastornos psicosomáticos y emocionales, generadores de enfermedades o estados de ánimo negativos como angustia, tristeza, melancolía, nerviosismo, apatía, insatisfacción…, y especialmente ansiedad, debido entre otras causas a los bajos niveles de serotonina, lo que aumenta el descontrol emocional. Esto afecta al carácter y puede generar estados depresivos, anorexia y bulimia nerviosa.

El organismo somatiza nuestros pensamientos y nos lleva automáticamente a sentirnos y actuar de un modo anormal. Si son negativos afectamos negativamente a nuestro cuerpo, a nuestra personalidad y nuestras actuaciones cotidianas. Si son positivos beneficiamos a nuestro cuerpo y mejoramos nuestras actuaciones. Por ello, si cuidas tu cuerpo y te mantienes en armonía mental y cerebral, tu mente y tu cerebro cuidarán de ti.

Anatomía y fisiología del estrés

Al ponerse en marcha los mecanismos de protección o defensa del organismo ante cualquier situación estresante que afecte a sus funciones biológicas, se pone en marcha el denominado mecanismo de *homeostasis*. El mecanismo natural del estrés surge así automáticamente, a modo de alerta o aviso del organismo ante un determinado peligro externo, lo que genera una serie de reacciones en este.

Veámoslo de un modo que resulte sencillo de entender: Los mecanismos que primeramente se activan ante el estrés son el sistema nervioso y el endocrino (sistema neuroendocrino). Seguidamente se ponen en marcha el sistema inmunitario, el cardiovascular y el digestivo o gastrointestinal. Sin profundizar en el complejo campo del sistema nervioso y centrándome únicamente en parte de él, hay que decir que en la base del cerebro (diencéfalo) se encuentra una estructura de gran importancia, es el hipotálamo. Esta estructura recibe las señales de alarma o peligro del exterior. Controla las emociones y los impulsos básicos como la temperatura, el metabolismo, el apetito o el sueño… Ante el estado de estrés, el hipotálamo estimula a la glándula pituitaria o hipófisis y secreta hormonas como la corticotropina (ACTH), denominada la hormona del estrés, por medio de la circulación. A la vez, estimula las glándulas suprarrenales (sobre los riñones) a producir cortisol, adrenalina y noradrenalina, con sus correspondientes efectos sobre el organismo. A ello debe sumarse que la hipófisis influye sobre la tiroides, los testículos y los ovarios. A continuación lo hacen sobre determinados órganos, por ejemplo los pulmones y el corazón, acelerando la respiración, la presión arterial y las contracciones cardíacas, aumentando la circulación en los músculos y su disminución en órganos abdominales o los riñones, y reduciendo la actividad digestiva. Por su parte, el aumento de cortisol bloquea la acción del sistema inmunitario, lo que impide su acción contra virus y bacterias dañinos para nuestro organismo. Igualmente se activa de forma excesiva el sNs, lo que de mantenerse en el tiempo puede generar graves daños en el organismo, sobrecargándolo y debilitándolo, y puede surgir el conocido agotamiento producido por el estrés mantenido.

Es aquí cuando entendemos la importancia y beneficios de prácticas como las mencionadas en el último capítulo del libro, ya que en pocos minutos consiguen poner en funcionamiento los efectos relajantes del SNP que nos relajan y tranquilizan.

¿Cómo reconocer si padeces de estrés?

Aunque parezca extraño, son pocas las personas que saben detectar cuándo padecen de estrés alto (distrés) o las que se niegan a aceptarlo, cuando es sumamente vital comprender que, para poder gestionarlo, reducirlo o eliminarlo, el primer paso es admitir que lo padecemos. Veamos a continuación algunos de sus síntomas más clásicos, relacionados muchos de ellos igualmente con la ansiedad. Estos síntomas pueden ser suaves, moderados o severos. Estos últimos resultan urgentes de gestionar.

- **Síntomas físicos:** presión sanguínea elevada; ritmo cardíaco acelerado; dolor o presión en el pecho; náuseas o vómitos; dificultad para respirar; aumento de la transpiración; vértigo; desmayos; dolores de cabeza; debilidad, fatiga o agotamiento; dificultades auditivas o visuales; sed, boca y garganta seca; bruxismo; tensión muscular y contracturas...

- **Síntomas psicológicos:** dificultad de atención y concentración; baja autoestima y autoconfianza; alteración de la memoria; dificultad para tomar decisiones; preocupación obsesiva; dificultad para identificar objetos o personas o para controlar los pensamientos; pérdida de orientación temporal; culpar a los demás...

- **Síntomas mentales-emocionales:** irritabilidad; miedo; autoculpa; desesperación; tristeza; depresión; agitación; angustia; agobio; ansiedad; nerviosismo; descontrol y arrebatos; enojo; rechazo; aprensión; incertidumbre; pánico; insatisfacción; falta de ilusión y sentido de vida...

- **Síntomas conductuales:** disminución del rendimiento escolar o laboral; pérdida de interés por *hobbies* habituales; conducta impulsiva y antisocial; mal carácter y falta de humor; comportamiento dramático y exagerado; hablar rápido, con tono elevado o gritar; tics o gestos nerviosos y descontrolados como morderse las uñas, tirarse del cabello, frotarse las manos o golpear el suelo con los pies de forma impulsiva e inconsciente...; atracción o aumento de sustancias tóxicas como el tabaco, el alcohol, el azúcar...

¿Qué es la ansiedad?

La ansiedad frecuente es un sentimiento de miedo, temor, preocupación o inquietud que surge cuando el cerebro la interpreta como señal de alerta, peligro o de amenaza permanente —aunque en la realidad no lo sea—, con lo cual se activa el MDS, con la consiguiente entrada en acción de la amígdala cerebral y demás mecanismos neurohormonales que le preceden. La ansiedad no es una enfermedad en sí misma, sino el resultado de **vivir en desarmonía con uno mismo,** o de mantener pensamientos negativos persistentes, o un descontrol emocional, lo que nos lleva a vivir en un constante y perjudicial estado de estrés, al igual que mantener un estado permanente de estrés genera ansiedad. Hay diferentes estados de ansiedad producidos por causas diversas como las fobias, los complejos, las enfermedades o situaciones problemáticas o adversas vividas con excesivo temor o preocupación. Al igual que ante el estrés, los ansiolíticos no son la solución, dado que, además de que resultan tóxicos para el organismo y su peligro de adicción, no están dirigidos a eliminar la causa sino a paliar los desagradables síntomas que genera en quienes la sufren.

El estrés y la ansiedad en niños y adolescentes

El estrés y la ansiedad afecta incluso a los niños y los adolescentes. En ellos hay multitud de agentes estresores, que cada uno vive a su propia manera. Por ejemplo, problemas en el ambiente familiar como puede ser un divorcio, un ambiente escolar con sus exigencias académicas o problemas como el acoso escolar… Por supuesto, ellos también somatizan como los adultos. Nunca como ahora se observa la gran cantidad de niños y adolescentes que padecen estos males, derivados de los efectos de la pandemia, que se suman a los ya existentes, como los mencionados. Al ser causas diferentes a las de los adultos y un campo de trabajo terapéutico igualmente diferente, no abordaré el asunto en esta obra. Pero adelanto que los ejercicios y técnicas que aquí recomiendo son totalmente válidos para ellos. Es urgente incluir ejercicios como estos en todos los colegios e institutos y que se los trasmitas a tus hijos o nietos. De aquí se extrae una idea que suelo expresar cuando hablo de educación: la urgencia de educar al educador, profesores o padres, para que eduquen a sus alumnos e hijos.

Segunda parte

Pautas y cambios

Herramientas terapéuticas para gestionar el estrés y la ansiedad

Comenzando los cambios

Ampliando la frase de Albert Einstein que dice "No pretendas que tu vida cambie si sigues haciendo las mismas cosas", debo decirte: no podrás esperar cambios en tu vida si no cambias **tus pensamientos.** Este es el campo al que más tiempo de estudio le he dedicado desde mis comienzos. De acuerdo con ciertos estudios psicológicos, parece ser que diariamente generamos entre 60 000 y 70 000 pensamientos, la mayoría de ellos negativos e idénticos a los del día anterior, la semana anterior, el mes anterior, el año anterior…, al punto que, en muchos pacientes, me tengo que retraer incluso a su adolescencia o su infancia. Como llevo años trasmitiendo a mis alumnos y pacientes, *"eres lo que piensas, te conviertes en la suma de tus pensamientos y atraes a tu vida lo que mantienes en tu mente".* Esto es algo que te convierte sin duda alguna en el arquitecto o diseñador de tu propia vida y de tu destino. Así de grandioso y poderoso eres. Así de poderosa es tu propia mente. No lo olvides.

“Dispones de múltiples recursos internos y mentales para convertirte en el escultor de tu personalidad y de tu vida, incluso de tu destino, porque el futuro lo creas en el presente con tus pensamientos **”**

La mente que te lleva al sufrimiento, la enfermedad y el fracaso es la misma que sabiamente utilizada puede llevarte a la felicidad, la sanación y las altas cimas del éxito.

Filosofía vedanta

Aceptación del estrés

Lógicamente no puedes defenderte de un enemigo al que desconoces o del que no aceptas su existencia, por lo que un primer paso fundamental para la superación del estrés es reconocerlo y aceptarlo. ¿Cómo hacerlo? Analizando tu comportamiento, actitud y estado fisiológico, mental y emocional en el diario vivir. Debes descubrir el nivel estresante que padeces, su causa y nivel, comenzando a sobrellevarlo, programando los cambios y técnicas antiestrés necesarias para reducirlo. Yo suelo recomendar llevar una especie de *diario antiestrés* en el que ir anotando antes de acostarte cada noche aquellas situaciones o estados agobiantes en los que te sentiste fatigado, nervioso, preocupado, enojado, o que te generan un elevado gasto de energía física o psíquica, o que te ocupan excesivo tiempo, restándoselo a tus momentos de ocio o descanso. Por el contrario, lleva también el control de aquellas experiencias o situaciones que te aportan serenidad, calma, relajación, bienestar…, para ir incrementándolas progresivamente.

> *Si pierdes riquezas materiales no has perdido nada; si pierdes tu salud ya has perdido algo; pero si pierdes tu paz interior lo has perdido todo.*
>
> Proverbio hindú

Plan de cambios inmediatos o progresivos

Una vez descubiertas las causas que te estresan, deberás comenzar a neutralizarlas, reduciéndolas o eliminándolas de raíz. Además de evitar seguir manteniendo experiencias, comportamientos, relaciones, situaciones o pensamientos estresantes, habrás de realizar los cambios necesarios y plantear las estrategias que emplear para gestionar tu nivel de estrés progresivamente. Ten presente que para que un globo aerostático pueda ascender hay que liberarle de cierta cantidad de peso. Si fueras ese globo y deseases disfrutar de un vuelo placentero, deberías ir liberando tu cuerpo y tu mente de todos los sacos de arena que le impiden ascender, tales como preocupaciones, miedos, prisa y similares. Te convertirías en la máxima prioridad de tu vida, te dedicarías tiempo para realizar actividades que te liberasen de todo estado fisiológico, psicológico o emocional estresante. Ten presente que, según ciertos estudios, aumentar experiencias y situaciones agradables y positivas es más eficaz que eliminar las contrarias. Te pongo algunos ejemplos: Trata de hacer lo que te gusta y disfruta de ello. Aprende a gestionar tu tiempo diario y dedica parte de él a disfrutar de experiencias y relaciones placenteras, como leer un buen libro, mantener conversaciones agradables, disfrutar de tus seres queridos o tus *hobbies* preferidos, pasear por la naturaleza, escuchar tu música favorita o relajante, realizar actividades relajantes como el yoga o deportivas, aprender a delegar en los demás, dormir las siete u ocho horas diarias necesarias, etc.

> **"**Debes comenzar a liberarte de todo aquello que te robe tu paz, tu tranquilidad, tu armonía, tu salud… para que metafóricamente puedas alzarte como un globo hacia las más altas cimas de la salud, el bienestar, el éxito y la dicha que te mereces, y que posees la capacidad de alcanzar si te lo propones firmemente**"**

Liberación de emociones negativas

Estas serían algunas de las cosas de las que tienes que desprenderte para que el simbólico globo ascienda sin pesos que se lo impidan. Por ejemplo y sobre todo, es de gran necesidad aprender a gestionar y liberar las emociones dolorosas o negativas como el miedo, la rabia, el rencor, la culpa, los resentimientos, la envidia, el odio… Debes buscar el modo de exteriorizarlas, por ejemplo, hablando sobre ello con personas afines o adecuadas, o con un terapeuta especializado. Mantener esas emociones termina generando tensión nerviosa, muscular o mental, lo que provoca no solo estrés sino múltiples dolencias. Igualmente permítete cantar, correr, jugar, reír o llorar cuando sea preciso. Es lo que yo denomino *lloroterapia*. Existen también técnicas que vengo utilizando con buenos resultados, además del yoga terapéutico, como la respiración consciente, la meditación, el *mindfulness*, la relajación profunda, la coherencia cardiaca, la hipnosis, la sugestión, la visualización, la terapia regresiva, el yoga nidra, el EFT o *tapping*, etc.

La práctica del buen humor

Es un hecho aceptado por la ciencia que, el buen humor, la alegría, sonreír o mantener el sentido del humor ante las adversidades es eficaz para reducir los niveles agudos de estrés, ya que contribuye a liberar emociones dolorosas bloqueadas, lo cual te hace ver las adversidades desde una perspectiva más positiva. Es sabido que la *risoterapia* es de gran utilidad contra múltiples enfermedades, ya que contribuye a potenciar el trabajo del sistema inmunitario y a segregar hormonas muy favorables como la dopamina, la endorfina, la oxitocina o la serotonina, que mejoran el estado de ánimo, además de ser un eficaz antídoto contra el miedo.

El pensamiento y la actitud mental positiva (AMP)

Este es como dije el asunto al que he dedicado y dedico más tiempo de estudio y difusión a lo largo de mi camino de vida personal y profesional. Esta actitud es la que transmito constantemente a mis alumnos en mis clases, a quienes se forman como profesionales en el ceysi©, a quienes acuden a mis talleres y conferencias o a mis pacientes. Y lo hago por algo muy sencillo: porque, de acuerdo con cómo pensamos, así nos sentimos y actuamos en la vida. Conociendo los mecanismos cerebrales y automáticos de supervivencia y adaptación, comprenderás que según la situación adversa en la que te encuentras, habrá diferentes modos de reaccionar y actuar. Así, en el caso de que te internaras en un bosque y de improviso surgiese un lobo frente a ti, a un par de metros, sin nada con que defenderte, el MDA no sería el más adecuado en ese caso, dado que no vas a ponerte a razonar con el animal para llegar a un acuerdo. Posiblemente, tu cerebro tampoco activaría la opción de ataque o huida, que en ese caso no sería la decisión adecuada. Posiblemente activaría el MDS y te bloquearías, permanecerías inmóvil. Conozco a personas de la zona del rural en la que vivo a las que tal opción les salvó de ser atacados por lobos o jabalíes en diferentes ocasiones que paseaban a solas por la montaña.

En relación con la vida cotidiana, rebelarse o tratar de huir de situaciones adversas o desagradables no es la solución, como tampoco resignarse y bloquearse, permaneciendo sin actuar ante tales hechos con la intención de superarlos.

Si bien cuando éramos homínidos el cerebro solía activar el MDS ante los muchos peligros que generaban las constantes amenazas de animales depredadores, como por ejemplo el tigre de dientes de sables o el mamut, en la sociedad actual, en la vida cotidiana, tales amenazas ya no existen, al habernos convertido nosotros en los depredadores del planeta. Sin embargo, vivimos expuestos diariamente a circunstancias de riesgo como conducir, viajar en avión o situaciones de temor como enfrentarte al jefe o perder el trabajo, el miedo a no saber si podremos pagar la hipoteca mensual, los conflictos familiares, el miedo al terrorismo, al resultado de un diagnóstico médico, a infectarse en una pandemia, a una nueva guerra mundial…, y a tantas circunstancias cotidianas que la sociedad moderna acarrea. En tales casos, el cerebro puede activar automáticamente el MDS y mantenernos en constante estado de alerta ante peligros probables en el tiempo o ficticios, con las graves consecuencias que ello generaría para nuestro estado de salud. Sin embargo, ante esas situaciones y otras similares, lo que nos urge es mantenerlo desactivado y activar el MDA. Igualmente hay un punto medio que denomino *mecanismo de aceptación* (MDAC), que debemos utilizar ante circunstancias o hechos que, aunque te desagraden o no desees aceptar, o te parezcan injustos, no tienen solución. Por ejemplo, por mucho que no te gusten determinadas amenazas naturales como los tornados, los terremotos, los volcanes, las inundaciones, la lluvia, el viento, etc., está claro que no podrás evitarlas, que tienes que vivir aprendiendo a aceptar que forman parte de la naturaleza, y mantenerte alerta para enfrentarte a esas situaciones de la manera más adecuada y positiva posible.

Así mismo, hay muchas circunstancias duras, difíciles y hasta dolorosas que surgirán en tu vida sin que puedas evitarlas. Las circunstancias adversas e imprevistas forman parte del camino de la vida y tienes que aprender a mantener la actitud mental más adecuada y positiva hacia ellas, (AMP), para no fracasar, sufrir o enfermar. Ante las adversidades de la vida cotidiana, son muchas las personas que se rebelan y se limitan a maldecir, lamentarse, compadecerse o dejarse hundir ante ellas sin ni tan siquiera pretender enfrentarlas. Está claro que los problemas no se solucionan por sí mismos y que hay que mantenerse firmes, serenos y optimistas, plantarles cara si tienen solución, o aceptándolos y adaptándose a ellos si no la tienen, no con resignación, sino con valor y determinación. Y en este asunto, como ya hemos visto, depende mucho el mecanismo que el cerebro pone automáticamente en acción o el que libremente pongamos nosotros con la actitud mental adecuada en cada caso. Ten siempre presente que no eres tú y tus circunstancias, por negativas que puedan ser, sino que te influirán de acuerdo con cómo las ves, te enfrentas o te adaptas a ellas.

Resumiendo, no pienses ni mantengas en tu mente lo que no deseas que suceda en tu vida. Por el contrario, mantén en tu mente aquello que deseas conseguir, la meta que quieres alcanzar, el cambio que pretendes obtener. No pienses en el fracaso sino en el éxito. No pienses en la enfermedad sino en la sanación. Porque lo que piensas lo atraes, salud o enfermedad, éxito o fracaso… Como te veas a ti mismo en eso mismo te conviertes y así actúas. Erradica pensamientos tóxicos y destructivos de tu mente como: "Yo no puedo", "No soy capaz", "Estoy muy enfermo y no puedo curarme", "Soy un inútil y todo lo hago mal", "No merezco que nadie me quiera" y similares, porque tú mismo estás permitiendo que se conviertan en realidad con el poder sugestivo de tus pensamientos. Lo estás grabando y fortaleciendo en tu mente subconsciente. Estarás cavando tu propia fosa hacia el abismo del fracaso, el sufrimiento y la desesperación. Por el contrario, mantén en tu mente aquello en lo que desees convertirte o la meta que deseas alcanzar. Hazlo constantemente. Conviértelo en un mantra positivo. Esta es la clave de la AMP, que también guarda una directa relación con prevenir y gestionar el estrés y la ansiedad. Ten presente que, en gran parte, el éxito, la salud o la felicidad es el resultado de esa AMP.

Te urge comprender que para cambiar y mejorar tu vida tienes que cambiar y mejorar tus pensamientos y tu actitud mental.

El poder e influencia del pensamiento

Para mejorar tu calidad de salud y de vida, para sanarte y emprender un nuevo camino hacia la felicidad y el éxito, debes conocer las leyes que rigen tu mente y tus pensamientos, su influencia en tu organismo y en todos los aspectos de tu vida, aprendiendo a utilizarlos sabia y positivamente. Aunque este es trabajo para otra obra, incorporo algunos de los puntos vitales que esta cuestión que debes conocer, estudiar y poner en práctica de inmediato en tu vida, para saber cómo evitar o gestionar las nefastas consecuencias del estrés y de la ansiedad, entre otros muchos males similares. Igualmente, has de saber que existe una directa relación entre los pensamientos, las emociones y los sentimientos, y que esto puede ser causa de múltiples trastornos psicosomáticos. Ten en cuenta lo siguiente:

- **Todo es mental.** Todo comienza y se crea en tu mente. Tú eres el dueño, el arquitecto de tu destino y de tu vida, ya que lo creas diariamente con tus propios pensamientos. Tú labras el sendero de tu vida con tus propios pensamientos.

- **En lo que piensas, en eso mismo te conviertes.** Por eso, cambia tus pensamientos de negativos a positivos y cambiarás tu vida.

- **Todo lo que creas y mantienes en tu mente lo atraes a tu vida.** Un pensamiento, idea o creencia sostenida en el tiempo en tu mente tarde o temprano se convertirá en realidad manifestándose en tu vida.

- **Primero es el pensamiento y después la acción.** Bajo esta verdad psicológica, siembra pensamientos positivos en tu mente y mejorarás tus actuaciones.

- Sabiduría vedanta: *¡Oh hombre, la misma mente que te lleva al sufrimiento, a la enfermedad o al fracaso es la misma que puede otorgarte felicidad, sanación y elevarte a la cima del éxito!* Ello siempre que comiences a crear y mantener pensamientos optimistas, constructivos y positivos en tu mente.

Ejercitar la atención y la concentración

Otro factor de cambio importante es lo que en yoga se denomina el *arte de la concentración.* Junto a la meditación yóguica y budista, es de donde ha surgido la moda denominada *mindfulness,* tan extendida en los últimos años por Occidente, promovida actualmente por múltiples profesionales de la medicina. Como si fuera una invención de este siglo...

Aunque en la tercera parte del libro recomendaré diferentes ejercicios, no te limites únicamente a practicarlos. Debes tratar de observar tu mente a lo largo del día, manteniéndola fija en lo que estés haciendo en cada momento. Es el concepto de vivir el aquí y el ahora. Es sabido que una persona que se concentra en una determinada labor la hace mucho mejor y más rápido, es mucho más creativo, eficiente y eficaz que aquel que mantiene su mente dispersa en diferentes pensamientos. Debes mantener la mente centrada en la tarea que realices en cada momento. Del mismo modo, como observo en mis pacientes, son muchas las personas que mantienen su atención en el pasado, lo cual suele ser causa de sufrimiento, especialmente la depresión; mientras, otras la enfocan en el futuro, generalmente manteniendo pensamientos de miedo a fracasar, a perder la salud, a quedarse solos, en suma, a perder algo querido o sufrir por múltiples motivos, que, si bien son imaginarios, el cerebro los somatiza convirtiéndoles en realidad y, en muchos casos, en ansiedad.

Una de las cualidades del cerebro es convertir el pasado y el futuro en tiempo presente, con lo cual, si mantienes la mente centrada en las situaciones doloras o traumáticas del pasado, el cerebro crea la misma bioquímica que segregó cuando fueron reales y vuelve a experimentar el mismo sufrimiento. Del mismo modo, al vivir centrado en el miedo a lo que pueda ocurrirte, el cerebro lo convierte en realidad presente y crea la misma bioquímica que si estuviera sucediendo, haciéndote sufrir en el presente por algo inexistente y generando ansiedad. Y dime, ¿no es de tontos sufrir por algo que ya sucedió o algo que tal vez no llegue a suceder? El pasado no lo puedes cambiar y el futuro comienza a crearse en el presente. ¿Qué piensas hacer al respecto, seguir manteniendo pensamientos negativos o dejar ir el pasado, aprendiendo de él, y centrarte en vivir el día a día, el *ahora*? Recuerda que solamente existes en el eterno presente, que a la vez es creador del futuro.

Técnicas de respiración profunda

La respiración es el puente entre el cuerpo y la mente. Sin embargo, el 80 % de la población de la sociedad moderna respira mal y pobremente, o superficialmente, o muy rápido, y además moviliza la zona torácica en lugar de la abdominal. Así, la respiración rápida, agitada o entrecortada provoca un estado de excitación nerviosa, descontrol mental-emocional o ansiedad. En cambio, la respiración rítmica, lenta y consciente es un poderoso bálsamo para la mente y el alma, tranquiliza y aporta serenidad y paz interior. Conociendo esto, posees una valiosísima herramienta terapéutica para comenzar a ser dueño de tu mente y gestionar tus emociones. La respiración lenta profunda y consciente puede entenderse como una especie de *psicoterapia respiratoria*. Crear un estado de relajación y calma es lo opuesto al de tensión, se genera un efecto de sedante natural. El cuerpo queda relajado y la mente en calma, lo que hace que predomine el SNP y el hemisferio cerebral derecho (HCD). Surgen así las beneficiosas ondas alfa o theta, altamente relajantes y reductoras de los niveles agudos, altos y crónicos del estrés, ansiedad, angustia, miedo, desesperación, ira o nerviosismo. Por ello, mediante el control de la respiración podrás aprender a controlarte en entornos o situaciones estresantes fácil y rápidamente.

Técnicas de relajación

Sumado a los beneficios de la respiración lenta y profunda, la práctica de la relajación mejora todos los procesos digestivos; se armonizan las funciones del sistema nervioso y endocrino; disminuye el ritmo respiratorio; se beneficia el trabajo del corazón, reduciéndose el ritmo cardiaco y la presión sanguínea. Se enlentecen los procesos catabólicos o degenerativos y aumentan los anabólicos o regenerativos, lo que contribuye a retardar el estado de vejez. Se aquieta y se serena la mente, armonizándose el mundo emocional y reforzando el sistema inmune. Con su práctica diaria irás liberándote de la tensión muscular, nerviosa, mental o emocional de forma natural, al tiempo que experimentarás un estado de profundo descanso y paz interior que perdurará más allá del tiempo de tu práctica. Igualmente, en este estado de consciencia podrás **programar en tu subconsciente** los cambios o metas que desees alcanzar, por medio de afirmaciones o sugestiones mentales positivas, reforzándolo con la imaginación o la visualización.

Técnicas de meditación y *mindfulness*

Aunque su verdadera finalidad está relacionada con el despertar de la consciencia y la conexión con el Ser, múltiples investigaciones médicas demuestran que es muy eficaz como terapia contra el estrés, la ansiedad y múltiples trastornos psicosomáticos, psicológicos y emocionales. Su práctica induce a un estado de relajación y descanso profundo y consciente, algo así como dormir despierto. Como terapia, la meditación yóguica o el llamado *mindfulness* reducen los estímulos estresores generados en el cuerpo o la mente.

Yoga

Como profesional con más de cuarenta años de experiencia, puedo aconsejarte que practiques yoga, una milenaria ciencia. El yoga está especialmente enfocado a la salud y el equilibrio psicoemocional; como yo lo dirijo en mi centro CEYSI® en Vigo o en mis clases magistrales de yoga, relajación y meditación *online*, como especialistas en gestión mental y emocional. O asistir a un centro o profesional de prestigio y de larga experiencia en yoga terapéutico. La práctica de respiración, concentración, relajación, meditación o de las asanas —siempre adaptadas a tu necesidad y capacidad personal—, son un excelente ejercicio físico y mental, al reducir la actividad del SNS y, por tanto, el estrés y las emociones. Armonizarás el ritmo respiratorio y cardiaco, reduciendo la presión arterial y la frecuencia cardíaca, mejorando la circulación sanguínea y oxigenando la sangre, entre otros muchos más beneficios. Igualmente, en el sistema CEYSI® conseguirás hacer todos los movimientos del cuerpo en una sola sesión, liberando la tensión musculo-esquelética generada por el estrés.

Caminar

Caminar una media hora seguida diaria, a paso lento, sin detenerte, es un buen ejercicio cardiorrespiratorio y liberador de estrés. Es un deporte aeróbico gratuito, sencillo y agradable, que aconsejo realizar en entornos naturales como parques, jardines o en plena naturaleza. De ese modo te recargarás de energía (*prana*) y oxigenarás tu organismo.

Dieta saludable

Si bien este es un asunto de vital importancia para una vida más saludable y como medio de reducción del estrés, no lo incorporo en esta guía, dado que es un tema muy amplio. Pero te sintetizo algunas orientaciones sencillas a modo de normas preventivas o reductoras del estrés: elimina de tu dieta estimulantes y tóxicos (el café, el té), el azúcar, la sal y las harinas blancas refinadas, los refrescos y los zumos de frutas envasados, el tabaco y las bebidas alcohólicas, las carnes rojas o la leche, los productos lácteos. Todos esos productos son altamente ácidos. Has de tratar de irlos cambiando por productos integrales y naturales. Igualmente deberás incorporar determinados suplementos dietéticos que contengan minerales como el zinc, el calcio, el potasio o el magnesio, o vitaminas como la D, C y del complejo B. Debido a los estragos del estrés en la microbiota (bacterias buenas) y en la función del sistema inmunitario, debes tomar alimentos que aporten al organismo probióticos y alimentos prebióticos. Por otra parte, debes incorporar a tu dieta alimentos naturales y alcalinos como las frutas, las verduras y las legumbres frescas —no envasadas—, los cereales integrales, los frutos secos o el arroz integral. Puedes conocer más sobre el tema en algunos de los vídeos de mi canal de YouTube y en mis talleres. También son de ayuda las plantas medicinales ansiolíticas sedativas y calmantes, e ir disminuyendo los psicofármacos, siempre bajo el asesoramiento de tu médico, al ser altamente ácidos, tóxicos y adictivos.

Hipnoterapia

Igualmente, por mi larga experiencia de más de treintaicuatro años en consulta, te aconsejo asistir a sesiones de relajación o de hipnoterapia, y además completarlo con la reeducación positiva de la mente subconsciente, que es el perfecto complemento a cualquier tratamiento contra los trastornos psicosomáticos y emocionales, como el estrés o la ansiedad, pero siempre en manos de un profesional de reconocida experiencia.

Tercera parte

La práctica

Aprendiendo y practicando en busca de la armonía mental y emocional

Selección de técnicas antiestrés y ansiedad

Hoy en día, la propia ciencia médica admite los importantes y comprobados resultados contra el estrés y la ansiedad de prácticas naturales como la respiración regulada, la meditación, la coherencia cardiaca o las diferentes técnicas de relajación. Afirma el yoga: "La práctica hace al maestro", y también: "Vale más un gramo de práctica que toneladas de teoría".

Ha llegado el momento de pasar a la acción. Para ello, he seleccionado algunas de las técnicas que mejores resultados he observado que tienen en mis pacientes o alumnos en los muchos años que vengo trasmitiéndolas. Además de ser muy sencillas, no se precisa de ninguna capacidad especial para practicarlas. Solo necesitas la firme determinación de comenzar a mejorar tu salud y tu vida proponiéndote la práctica diaria de unos de diez a veinte minutos.

Si comparamos en beneficios los psicofármacos antidepresivos o ansiolíticos con el entrenamiento y práctica diaria en la gestión de las emociones, el estrés o la ansiedad, siempre gana la práctica diaria.

Antes de comenzar

Busca siempre el momento y lugar más adecuado para la práctica, cuando nadie te moleste, a ser posible protegido de ruidos externos y en penumbra. Despréndete de todo lo que apriete tu cuerpo: reloj, calzado, prendas que sobre todo aprisionen el abdomen como cinturones, etc. Apaga y aleja el móvil. Un punto muy importante a tener en cuenta es la intención, que debe ser centrar la atención en el momento presente, en el aquí y ahora, en lo que estás haciendo y sintiendo en cada momento. Por eso es recomendable afirmar mentalmente la intención con la que vas a practicar tu ejercicio antes de realizarlo. Ejemplo: "Voy a practicar este ejercicio con el firme propósito de mejorar mi salud y mi vida en todos los sentidos…", u otra similar.

Hay tres claves para obtener los altos beneficios de los diferentes ejercicios: constancia diaria, plena atención mental en la práctica y la intención de realizarlas para mejorar tu personalidad y tu vida en todos los aspectos.

Durante la práctica

Ya en el lugar adecuado, tranquilo y agradable donde no ser molestado, adopta la postura escogida. Mantente inmóvil y consciente durante toda la práctica, sin distraerte, y evita dormirte. La temperatura ambiente debe ser agradable. Céntrate en disfrutar de unos minutos de profundo descanso, desconectado de todo lo exterior al lugar en el que vayas a practicar, vaciando tu mente de todo lo cotidiano, y siente la postura en la que te encuentras. Habrá ejercicios en los que dejarás que la respiración se produzca automáticamente y otros en los cuales tendrás que dirigirla voluntariamente. Permite que tu cuerpo se afloje más y más, como si fuera un globo que se va desinflando, hasta percibir un agradable y profundo estado de calma y relajación. Ten presente que si no hay comodidad no hay concentración ni relajación. Mantener la atención plena en todo el proceso del ejercicio es la clave del éxito.

Para la práctica de la respiración puedes tumbarte boca arriba, colocando las manos sobre el abdomen o una sobre el abdomen y otra en el esternón. Las piernas mejor flexionadas, juntando las rodillas y separando los pies. También puedes practicar sentado cómodamente en una silla con respaldo, con la espalda vertical, pies firmemente apoyados en el suelo y piernas separadas en ángulo recto. En ambas posturas los ojos cerrados.

Para la práctica de la meditación, el *mindfulness* o la coherencia cardiaca (CC), debes sentarte cómodamente. Puedes hacerlo sobre un cojín en el suelo y las piernas cruzadas, o apoyando la espalda verticalmente en la pared. O sencillamente siéntate en una silla con respaldo, que facilite mantener la espalda como si creciera y un hilo invisible tirara de la coronilla hacia el techo. Las piernas separadas y los pies firmes en el suelo. Las manos apoyadas sobre los muslos. Ojos cerrados y dientes ligeramente entreabiertos. Mantente inmóvil durante toda la práctica, sin distraerte, y evita dormirte.

Para la práctica de la relajación la posición por excelencia es la postura yóguica *savasana*. Túmbate cómodamente en el suelo sobre una esterilla o manta doblada, o bien sobre un sofá o la cama, pero de nuevo evitando dormirte. Coloca los brazos a lo largo del cuerpo o manos entrelazadas sobre el abdomen, acomodando los codos en el suelo. Si fuera preciso, puedes colocar una pequeña almohada bajo la nuca, los codos o las rodillas. Igualmente puedes adoptar la postura flexionando las piernas, de modo que separas los pies y juntas las rodillas. O si lo prefieres, siéntate cómodamente en una silla o sofá. Ojos cerrados y dientes entreabiertos. En esta postura, todo el cuerpo se halla en una misma línea, facilitando la circulación sanguínea, linfática y energética.

Para la práctica de la concentración la posición debe ser sentado manteniendo las mismas pautas de los ejercicios de meditación. Para la de visualización puede ser igualmente sentado o tumbado.

Al finalizar

No salgas nunca bruscamente, sino de forma lenta y consciente, tomándote el tiempo que precises para ir volviendo al estado habitual de vigilia. Lo ideal es comenzar tomando conciencia del lugar en el que te encuentres, la postura que adoptas y cómo te sientes. Seguidamente realiza alguna respiración profunda y comienza a moverte progresivamente. Por ejemplo, abre y cierra la boca varias veces, mueve la cabeza, las manos y brazos, los pies y piernas, terminando por desperezarte como sientas hacerlo, acompañado de una amplia y profunda respiración que oxigene el organismo. Antes de abrir los ojos te das órdenes positivas mentalmente, como: "Cuando abra los ojos mi recuperación será perfecta y me sentiré muy bien el resto del día…". Finalmente abre los ojos y sal de tu ejercicio, tratando de mantener el estado de calma alcanzado.

Ejercicios de respiración

Sin duda alguna, el medio natural de prevenir la ansiedad, a veces en segundos, es ralentizar la respiración, enlentecerla y ser consciente del proceso, respirando lenta y profundamente. Recuerda que la práctica de la respiración diafragmática ejerce la función de poderoso y eficaz sedante y ansiolítico natural, ya que **si controlas tu respiración controlas la mente y las emociones.**

Respiración consciente diafragmática

Sentado o tumbado cómodamente, con los ojos cerrados (o incluso de pie si lo precisas en algún momento crítico), centra toda tu atención en el proceso respiratorio, tratando de desconectar de todo lo demás. Inspira suavemente por la nariz y expande lenta y rítmicamente el abdomen, sin mover el tórax. Espira el aire suavemente entre los labios y contrae lentamente el abdomen. Sigue haciéndolo. Inspira el abdomen se expande, espira el abdomen desciende o se contrae. Hazlo conscientemente centrando tu atención en el proceso. Al inspirar es como si el abdomen fuera un globo que se infla lentamente, y al espirar se desinflara lentamente.

Cuando observes que la respiración es lenta y tranquila la mente estará en calma. Deja entonces de dirigir el proceso y limítate a percibir cómo el abdomen lentamente se expande o se contrae sin influir ni participar, dejando que el aire entre y salga ya solo por la nariz automáticamente. Cuando el movimiento te parezca casi inexistente, es señal de que la mente está tranquila y de que comienzas a entrar en un primer nivel de relajación. En este estado la ansiedad desaparece o es imposible que surja. Así, controlando tu respiración, previenes o eliminas la ansiedad, ya que esta se produce cuando respiras de forma rápida y entrecortada.

Ejercicio de gimnasia respiratoria

Con este sencillo ejercicio podrás obtener muchos beneficios rápidamente. Por un lado, te permite tranquilizarte, calmar tu mente ante una situación estresante, una preocupación, etc. Igualmente oxigenarás profundamente tu organismo y contribuirás a alcalinizar la sangre y liberarla de toxinas, por medio de la respiración a pleno pulmón (*respiración yóguica* o *integral*).

Debes realizarlo con plena atención en la respiración unificada con los movimientos de los brazos. Para realizarlo, parte de estar vertical, con los pies separados a la distancia de los hombros y los brazos extendidos hacia el frente (a la altura de los hombros) y las palmas enfrentadas. Los ojos cerrados (salvo que pierdas el equilibrio). Inspira por la nariz lenta y profundamente y al tiempo ve llevando los brazos siempre extendidos hacia los lados en forma de cruz y hacia atrás sin detenerte (todo lo hacia atrás que puedas). Al mismo tiempo vas expandiendo de forma ininterrumpida y en un solo movimiento unificado, el abdomen, tórax y la zona clavicular. Trata de llevar los hombros bien hacia atrás sin elevarlos, y si lo deseas también la cabeza, alejando la barbilla del cuerpo. Seguidamente sueltas el aire lenta y profundamente entre los labios —soplando—, vaciando al máximo los pulmones, al tiempo que vuelves a traer los brazos hacia delante, al punto de partida, y continúas el proceso lentamente sin detenerte. Hazlo varias veces, y en la última permanece hacia atrás inclinando ligeramente la espalda como flotando, reteniendo unos segundos el aire, para terminar volviendo a soltarlo. Siente cómo al inspirar se expande el abdomen, el pecho, los costados y zona clavicular, y cómo al espirar se contraen en el mismo orden de la inspiración. Hazlo lentamente, sintiendo la entrada y salida del aire. El movimiento respiratorio es un movimiento ininterrumpido que se expande desde la cintura hasta la base de los hombros al inspirar, y vuelves a contraer y meter bien el abdomen y bajo vientre al espirar.

Respiración abdominal con proporción

Este ejercicio es altamente eficaz para reducir el estrés y la ansiedad, o incluso evitarla. Realízalo como te digo a continuación: de pie o sentado, con la espalda vertical y los ojos cerrados, siente cómo va entrando el aire lentamente por la nariz al tiempo que el abdomen se expande, y cómo sale por la nariz o la boca al espirar (por la boca suele ser más relajante), en ambos casos contando 4 segundos para inspirar y 4 segundos para espirar; es decir, vas contando mentalmente del 1 al 4 con plena atención y de forma ininterrumpida mientras vas expandiendo el abdomen y el mismo tiempo al contraerlo soltando el aire.

Respiración completa con proporción

Exactamente igual que el ejercicio anterior, pero llenando y vaciando a pleno pulmón (respiración yóguica), expandiendo y contrayendo el abdomen, el tórax y la zona clavicular en un movimiento unificado e ininterrumpido.

Respiración abdominal triangular

Consiste en respirar de forma diafragmática, lentamente y con plena atención contando 3 segundos para expandir el abdomen, reteniendo el aire 3 segundos y expulsándolo por la nariz o la boca en 3 segundos.

Respiración con afirmaciones

Sentado, tumbado o de pie, sin dirigir la respiración, limítate a sentir el movimiento del abdomen expandiéndose y contrayéndose lenta y rítmicamente, dejando que la respiración sea automática. Sin intervenir y cada vez más lenta. Al mismo tiempo que sientes salir el aire por la nariz, repite mentalmente: "Cada segundo me siento mejor y mejor"; o si lo prefieres: "Suelto tensión, preocupación…". También puedes afirmar al inspirar: "Inspiro paz, calma, serenidad…". Dijo Aristóteles: "No hay cambio en la mente y en el alma que no se refleje en el cuerpo". Es decir, respiración, cuerpo, mente y emociones se interrelacionan e influyen entre sí constantemente.

Stop mental

Denomino así al hecho de observar tu estado físico y mental a lo largo del día, para detectar si percibes tensión en algún punto del cuerpo, o nerviosismo, prisa, preocupación, inquietud… o cualquier otra situación estresante. De ser necesario, la idea es mantenerte inmóvil un minuto, sentado o de pie, aflojar tu cuerpo y realizar varias respiraciones yóguicas profundas (abdomen, pecho y zona clavicular), inspirando amplia y profundamente por la nariz y soltando el aire progresivamente entre los labios, soplando suavemente, al tiempo que te repites pensamientos relajantes como: "Calma", "Tranquilo", "Estoy en calma y tranquilo" u otros similares. Se trata de desconectar de lo que te estrese, agobie, acelere o preocupe en ese momento, frenando la mente, dándote la oportunidad de soltar la tensión para continuar tus tareas y responsabilidades más en calma y con mente lúcida.

Recuerda que, si controlas la respiración, controlas la mente y las emociones, y experimentas autocontrol, calma, serenidad…

Ejercicios de relajación

Recuerda que debes practicar la relajación diariamente para obtener sus verdaderos beneficios. Debes buscar siempre el lugar y momento más adecuado en el que nada ni nadie te moleste. Aquí incluyo alguna de mis relajaciones más habituales, que con la práctica te irán siendo cada vez más fáciles, alcanzando niveles profundos y en menos tiempo. Entiende la relajación cuando te la diriges a ti mismo como un proceso de autosugestión mental positiva, en el que vas enviándole órdenes mentalmente a todo tu cuerpo. Es una autorrelajación. Siente cómo las órdenes se van cumpliendo y cómo cada segundo te sientes cada vez mejor, sin distraerte ni dormirte, disfrutando conscientemente del ejercicio. Ten presente que las órdenes deben ser procesadas lentamente —la prisa está desaconsejada totalmente—. Incluso deja espacios de silencio entre ellas —te lo iré indicando en el texto por medio de los tres puntos [...]—. Si utilizas relajaciones mediante grabaciones de audio, te aconsejo escucharlas con un buen auricular que te facilite la introspección y desconexión del exterior.

El cuerpo siempre obedece a la mente. La mente tiene poder sobre el cuerpo.

Breve relajación física

Manteniendo una postura cómoda, cierra los ojos y entreabre los dientes. Toma conciencia de tu cuerpo y con cada espiración déjalo cada vez más cómodo, flojo, abandonado, sin ofrecer ninguna resistencia a la gravedad, como si cada segundo te fueras hundiendo más y más agradablemente hacia el suelo, o como si descansaras en un confortable colchón y almohada de plumas o algodón. Déjate ir, suelta, afloja todo tu cuerpo... Seguidamente pon toda tu atención en la respiración abdominal y siente cómo se va enlenteciendo, ralentizando cada vez más y más lentamente... Observa, sin participar, cómo el abdomen se eleva al inspirar y desciende al espirar...

Afirma mentalmente: "Mi respiración se hace más tranquila, rítmica y agradable, y cada segundo me siento mejor...". "En todo momento tomo conciencia de lo bien que me siento y sigo profundizando…". "Nada del exterior me preocupa, ni me molesta, ni me distrae…". "Vivo mi relajación conscientemente y disfruto todas las sensaciones placenteras que experimento…".

Desconecta ya de la respiración y predisponte a realizar un recorrido de pies a cabeza por todo tu cuerpo. Puedes sencillamente limitarte a centrarte y sentir cómo se relajan las zonas que voy a indicarte, o ir repitiendo mentalmente las sugestiones. Por ejemplo: "Siento mis pies cada vez más flojos… agradable y completamente relajados…". "Siento mis piernas, flojas, completa y agradablemente relajadas". Del mismo modo irás recorriendo las manos, los brazos, la espalda, el abdomen y el tórax, el cuello y la cabeza, la frente y el rostro… Por supuesto puedes modificar el recorrido por el cuerpo o utilizar otras expresiones relajantes como: "flojos", "sueltos", "distendidos", "abandonados", "pesados", etc., o terminar cada zona diciendo: "Relaaaaax". Permanece dos o tres minutos sintiendo conscientemente tu cuerpo relajado y disfrutando del momento.

Finalmente te irás dando órdenes de salir de ese estado moviendo progresivamente tu cuerpo y lo completarás estirándote, desperezándote y realizando una profunda respiración, afirmando mentalmente que, cuando abras tus ojos, la recuperación será perfecta.

Relajación mental emocional

Este ejercicio es similar al anterior, pero ahora centrándote en relajar tu cuerpo más lenta, completa y profundamente. Por ejemplo irás recorriendo más zonas concretas de tu cuerpo, comenzando por los pies: dedos, talones, tobillos, pantorrillas, rodillas, muslos, nalgas, dedos de las manos, dorsos, palmas, muñecas, antebrazos, codos, brazos, hombros, espalda, cadera, bajo vientre, abdomen, tórax, costados, cuello, nuca, cuero cabelludo, frente, entrecejo, párpados, mejillas, barbilla, músculos de la mandíbula, todo el rostro, todo el tronco, piernas y brazos, todo el cuerpo…

Recuerda que puedes ir recorriendo y sintiendo las diferentes partes del cuerpo o utilizar sugestiones mentales positivas al tiempo que las vas recorriendo. Ejemplo: "Cada segundo experimento una agradable sensación de relax y descanso… siento los dedos distendidos, flojos, relajados... siento los músculos de mis brazos cada vez más flojos, liberados de tensión… mis brazos descansan profundamente relajados y abandonados en la postura en la cual se encuentran... desde la punta de los dedos a los hombros, esa zona de mi cuerpo descansa profundamente...". Este ejercicio puede durar incluso más de veinte minutos.

Relajación alfa profunda o autohipnosis

Partiendo del proceso de cualquiera de los dos ejercicios anteriores, consiste en completarlo repitiendo mentalmente los números del 10 al 1, a la vez que te imaginas dibujarlos en una pantalla o en tu mente. Afirmas para ti: "Voy a contar los números del 10 al 1 y, al tiempo que voy descendiendo de numeración, iré descendiendo a niveles más completos, profundos y placenteros de relajación. Cuando llegue al 1 todo mi cuerpo y mi mente estarán en un profundo y agradable estado de relajación y descanso…".

Relajación para eliminar pensamientos negativos

Partiendo del proceso de cualquiera de los ejercicios anteriores, consiste en que al final permanecerás repitiendo afirmaciones mentales positivas, o reforzándolo con visualizar o imaginar que lo que afirmas está sucediendo en tiempo presente en tu vida. Ejemplo: "Mi salud cada día es mayor", "Cada día todo va mejor en mi vida", "Yo soy fuerte, valiente y valeroso", "Yo soy capaz de alcanzar las metas o cambios que me propongo en mi vida", "Cada día me resulta más fácil superar cualquier adversidad o circunstancia difícil", "Cada día me dedico más tiempo a mí mismo y lo disfruto plenamente", "Cada día me relajo mejor y lo consigo en menos tiempo"…

Una sencilla variante de este ejercicio sería repetir mentalmente los números del 3 al 1 tres veces cada uno de ellos, al tiempo que los visualizas o imaginas mentalmente. Ejemplo: "3, 3, 3… me siento mucho mejor y sigo profundizando... 2, 2, 2, me siento mucho mejor todavía y sigo profundizando... 1, 1, 1, me encuentro en un perfecto y profundo estado de relajación y lo disfruto...".

Relajación muscular progresiva. Adaptación

Esta es una de las relajaciones más practicadas en Occidente. Yo la adapto y modifico en algunos aspectos. Va dirigida especialmente a relajar los músculos del cuerpo, para reducir o eliminar su tensión o hipertensión. Consiste en contraer y aflojar grupos musculares de forma consciente y voluntaria, manteniendo la atención primeramente unos 5 segundos en la tensión generada, y seguidamente sintiendo la relajación o distensión producida. El ejercicio te ayudará a percibir tensiones musculares innecesarias en determinados momentos del día, eliminándolas de forma consciente cuando estas se produzcan, aprendiendo a utilizar los músculos precisos en cada tarea que cotidianamente realices.

Practícalo preferiblemente tumbado, o si prefieres sentado en una silla (por ejemplo, en el trabajo), una o dos veces al día, para ir consiguiendo los muchos beneficios que puede otorgarte. Durante la práctica, al contraer inspira, retén el aire 5 segundos y al espirar suéltalo por la nariz o la boca, lentamente, y siente cómo los músculos contraídos se aflojan y se relajan. Al ser muy extenso, te dirigiré en la parte más clásica:

Cierra los ojos y separa ligeramente los pies dejando que caigan hacia ambos lados. Coloca los brazos a lo largo de tu cuerpo con las palmas hacia arriba o hacia abajo. Apoya cómodamente la nuca en el suelo y durante unos segundos concéntrate solo en la respiración, tratando de que sea lenta, rítmica y diafragmática.

Gira la cabeza a la derecha, mantén… afloja… relaja. Haz lo mismo hacia el lado izquierdo. Tira de la cabeza hacia atrás sin levantarla del suelo, también de la barbilla atrás y arriba, tensiona… afloja… relaja. Tira de la cabeza hacia delante acercando la barbilla hacia el esternón, mantén… relaja.

Tensiona las cejas, el entrecejo y aprieta los labios, tensiona… mantén… afloja… relaja. Sin abrir los ojos eleva las cejas, tensiona… relaja. Cierra los párpados con fuerza, tensiona… afloja… relaja. Abre los ojos lo más posible, mantén… afloja. Ciérralos y relaja.

Abre la boca lo más posible y echa la lengua hacia afuera y abajo, mantén… afloja… relaja.

Concéntrate en la pierna derecha y estira el pie con los dedos apuntando hacia ti, presionando el talón en el suelo y tensiona… afloja. Estira el pie hacia delante como queriendo tocar con las yemas en el suelo, mantenlo estirado… afloja. Eleva la pierna unos cinco centímetros del suelo, apunta con el pie hacia ti, tensiona toda la pierna y déjala caer pesadamente. Afloja y siente como el pie y la pierna se relaja. Haz el mismo proceso con la pierna izquierda. Eleva ambas piernas juntas y tensiónalas… mantén… afloja.

Realiza todo el mismo proceso de tensionar, mantener, aflojar y sentir la relajación con los siguientes músculos del cuerpo que te seguiré indicando.

Llena progresivamente al máximo tus pulmones con una inspiración lenta y profunda (respiración yóguica) como si inflaras un globo y suéltalo por la boca con cierta brusquedad. Relaja. Trata de vaciar ahora al máximo los pulmones, suelta el aire por la boca, contrayendo el abdomen, tórax y zona clavicular, metiendo al final al máximo el bajo vientre, cerrando el esfínter como si tuvieras que evitar la salida de la orina o de un gas. Contrae… afloja.

Eleva la cadera, muslos, pantorrillas y zona baja de la espalda y contrae los glúteos, tensiona… suelta. Con los brazos a lo largo del cuerpo presiónalos sobre el suelo y contrae la espalda, tensiona… suelta… relaja. Con las palmas de las manos hacia abajo, junta los dedos y apunta con ellos hacia arriba, poniendo las manos verticales como si las apoyaras en una pared y, sin levantar los antebrazos ni codos, ni muñecas del suelo, contrae… mantén… suelta… relaja. Eleva manos y brazos unos cinco centímetros del suelo, aprieta fuertemente los puños, tensiona los brazos, rígidos… tensos… afloja dejándolos caer, relaja.

Con los brazos estirados a lo largo del cuerpo, concéntrate en ambos hombros y tira de ellos hacia las orejas, atrás y arriba, tensiona… mantén… caen… afloja.

Finalmente estira todo el cuerpo, desperézate… tensiona… afloja. Finalmente permanece inmóvil centrado en percibir la sensación de agradable bienestar generado, disfrutando del cuerpo relajado. Cuando lo desees abrirás los ojos y saldrás progresivamente de tu ejercicio.

Relajación autógena. Adaptación

Esta es otra de las relajaciones más practicadas, basada en la conocida relajación autógena de Schultz. Como la anterior, la adapto y la dirijo de forma más sencilla para que mis alumnos se familiaricen con otras muchas de mis relajaciones, en las que incluyo visualizaciones y sugestiones.

Partiendo de una postura cómoda ves relajando tu cuerpo progresivamente de pies a cabeza. A partir de ahí, concéntrate en el entrecejo e, imaginando una pizarra blanca frente a ti, vas escribiendo y repitiendo mentalmente una frase: "Estoy muy tranquilo y sereno". Repítela y visualiza o imagina varias veces la frase. Seguidamente sigue escribiendo la misma frase, pero imaginando las letras más pequeñas y repitiendo la afirmación cada vez más lentamente. Seguidamente proyéctate mentalmente hacia una playa tranquila y desierta, en un hermoso día de verano. Imagínate tumbado en la arena sin ninguna protección, comenzando a sentir tu cuerpo cada vez más y más caliente… cada vez más caliente… La arena está cada vez más caliente… el aire que inspiras está cada vez más caliente… Mantente centrado en percibir calor en todo tu cuerpo… tu pecho, tu abdomen… O recuerda un día que hayas pasado mucho calor, y repite mentalmente: "Mi cuerpo está cada vez más y más caliente… mis pies están calientes, mi espalda está caliente, etc.".

Imagina que de pronto anochece y la temperatura comienza a cambiar, volviéndose cada vez más y más fría… cada vez más fría… Imagina un frío día de invierno tumbado en la arena fría sin ninguna protección. El aire que inhalas es frío, la arena está fría, el viento es muy frío… y repites mentalmente: "Mi cuerpo está cada vez más y más frío… mis pies están fríos, mi espalda está fría, mis brazos están fríos, etc.".

Imagina seguidamente que está comenzando a amanecer. El sol sale tras las montañas y la temperatura vuelve a subir tornándose totalmente agradable, muy agradable. Tan agradable que todo tu cuerpo comienza a relajarse profundamente… tan profundamente que se va haciendo pesado… muy pesado… agradablemente pesado… tan pesado que se hunde uno o dos centímetros en la arena blanda… Disfruta por un momento de estar en una playa tranquila, solitaria, relajándote profundamente… Afirma mentalmente varias veces: "Mi cuerpo está pesado, muy pesado, agradablemente pesado y cada segundo me siento mejor…".

La temperatura es perfecta y cada segundo te sientes cada vez mejor, tan profundamente relajado que comienzas a experimentar una muy agradable sensación de liviandad y ligereza, como si tu cuerpo fuera una pluma o una nube y flotara uno o dos centímetros sobre la arena… Sigue centrado en la sensación agradable de liviandad, de ligereza, como si tu cuerpo fuera como un globo lleno de helio y flotara… Afirma mentalmente: "Mi cuerpo es ligero, liviano, muy ligero y liviano… como si estuviera flotando o volando… me siento como una nube, como una pluma y cada segundo me siento mejor…". Mantente percibiendo y disfrutando la liviandad de tu cuerpo desapareciendo toda sensación de pesadez, o incluso de consciencia de algunas de sus partes.

A partir de aquí puedes utilizar tu imaginación y mantenerla centrada en algo que te sea muy agradable, placentero, que te haga sentir bien y feliz. Por ejemplo, puedes imaginar o visualizar que te levantas y das un relajante paseo por la orilla de la playa; o que te sientas en la arena o sobre una roca a contemplar el hermoso paisaje que te rodea; o imaginarte que en la arena hay un globo aerostático y te subes en él, dirigiéndolo con tu mente al lugar que desees viajar: por encima del océano, o de un valle, o de un lago, o de un bosque, o de montañas. Puedes igualmente imaginar que es de noche y que estás contemplando el firmamento, o que viajas en el globo entre blancas nubes observando la luna llena o las estrellas… Disfruta del poder de tu imaginación y cuando lo desees saldrás progresivamente de tu postura y de tu estado sintiéndote perfectamente relajado y recuperado de tu experiencia.

La extirpación de pensamientos negativos

Una vez relajado y tranquilo (en cualquier ejercicio de relajación), puedes imaginarte tumbado cómodamente en una playa, bosque, valle o montaña, en un día hermoso de primavera o verano, y contemplar el cielo azul y despejado sobre ti. Concéntrate en el azul del cielo —que es un color profundamente relajante, igual que el verde—. Trae ahora a tu mente aquellos pensamientos o situaciones que más roban tu paz interior. El siguiente paso es irlos proyectando en las nubes blancas que comenzarán a ir apareciendo muy lentamente en el cielo, movidas por el viento. Cuando tengas claro aquello que deseas extirpar de tu mente o eliminar de tu vida, proyéctalo sobre la nube. Ejemplo: si quieres eliminar el miedo, la ira, el rencor, la culpa, la inseguridad, el nerviosismo o la preocupación, imagínate escribiendo la palabra elegida en una nube y proyectándole el malestar, la emoción negativa que te hace sentir. Al mismo tiempo repite mentalmente, por ejemplo: "Hoy, aquí, en este momento, elimino para siempre de mí la inseguridad que venía sintiendo. Me siento fuerte y seguro…". Observa cómo ahora la nube es de color gris oscuro y se va alejando, haciéndose cada vez más pequeña, hasta que desaparece en la distancia, y percibes como si ya la hubieras extirpado de tu mente para siempre. Siéntate tranquilo y sereno disfrutando nuevamente del cielo despejado.

Lo ideal es practicar cada vez una sola emoción negativa, pero si lo deseas puedes utilizar varias palabras o emociones que desees extirpar de tu mente con nubes diferentes.

Igualmente puedes escribir o proyectar a la nube al pasar aquello de lo que deseas desprenderte. Ejemplo: una situación desagradable o estresante, un defecto, etc.

Ejercicios de concentración y visualización

Controlar la mente no es nada fácil. Debes tener paciencia y practicar diariamente. La mente es como un caballo salvaje que no se deja domar. Pero tu deber es controlarla, ya que o la controlas o ella te controla a ti. Para comprender el poder de la concentración, coge una hoja seca de un árbol o de papel y déjala en una ventana donde le pegue directamente el sol, con la idea de que su calor le prenda fuego. Por mucho que esperes, no lo conseguirás. Coge ahora una lupa y colócala a unos cinco centímetros de la hoja. Observarás que en pocos segundos la hoja arde. ¿Qué ha sucedido? Sencillamente que el calor del sol que se encontraba diseminado en toda la superficie de la hoja se centró en un solo punto y eso la hizo arder. La mente es lo mismo: tienes que enfocarla en una sola cosa, en un objeto, en una idea, en aquello que estés haciendo en cada momento, aprendiendo a centrar tu atención en lo que haces. Una persona que aprende a relajarse y concentrarse rinde más en cualquier trabajo, realiza mejor y en menos tiempo cualquier tarea. Eso es plena atención consciente y debes de practicarlo no solo por medio de los ejercicios sino a lo largo del día.

Para visualizar debes comenzar relajándote, o partir de un estado meditativo, centrándote en ver mentalmente una determinada imagen con la mayor nitidez posible. Para ello, centra tu atención en el entrecejo y, como si fuera un proyector, concentrarte en visualizar o imaginar una determinada imagen. Puedes imaginar enfrente una pequeña pantalla: la pantalla mental o *chidakasa*. Cuanto más te relajes más predomina el HCD (generando las beneficiosas y tranquilas ondas alfa), que es en el que se encuentra la capacidad creativa del cerebro: visualizar, imaginar, sentir, emocionarte, percibir… Eso te facilitará poder vislumbrar lo más vívido posible aquello en lo que te concentras. Finalmente permanece observando las imágenes, comprobando que con cada práctica será más fácil crearlas y verlas. Recuerda que si te resulta difícil visualizar basta con que lo imagines.

Al mantenerte conscientemente en un estado de relajación también podrás conectar con tu poderosa MS, pudiendo no solo programarla con visualizaciones, sino reforzarla con afirmaciones, para conseguir el cambio deseado en tu personalidad o alcanzar las metas deseadas. Para ello debes vivirlo como si fuera real y estuviera sucediendo en tiempo presente.

La llama de la vela

Antes de comenzar, coloca una vela encendida aproximadamente a un metro de distancia frente a ti y a la altura de los ojos, en una habitación en penumbra o sin luz. (Puedes por ejemplo sentarte en la silla y colocarla en una mesa.) Ya en tu postura, comienza por acomodar y relajar el cuerpo. Aquieta la respiración de forma diafragmática. Abre los ojos y enfoca toda tu atención en la llama de la vela. Observa todos sus detalles: forma, color, tamaño…, y mantente sin parpadear el tiempo que te sea agradable. Seguidamente cierra los ojos y trata de visualizar o imaginar la llama de la vela flotando frente a tu entrecejo, durante unos 30 segundos. Vuelve a abrirlos y repite la operación. Al final imagínate que tienes frente a ti un lienzo en blanco y dibuja mentalmente la llama de la vela en él con todos sus detalles.

Concentración en un dibujo, fotografía o postal

Antes de comenzar, coloca una postal, un cuadro, una fotografía… aproximadamente a un metro de distancia frente a ti. Ya ubicado en tu postura, con los ojos abiertos concéntrate en la imagen escogida, recorriendo todo el contorno y tratando de dibujarlo con la mente. Ejemplo: si es una postal, vete observando su contenido sin mover la cabeza, tratando de grabarlo mentalmente para a continuación verlo con los mayores detalles posible con los ojos cerrados. Repite el proceso varias veces.

Concentración en cartulinas o cristales de colores

Antes de comenzar, coloca la cartulina o una piedra o cristal de tu agrado de un determinado color aproximadamente a un metro de distancia frente a ti. Ya ubicado en tu postura, con los ojos abiertos concéntrate en el objeto escogido observando su color, su forma y todos sus detalles. Seguidamente trata de verlo frente a ti con los ojos cerrados.

Concentración en figuras geométricas

Ya ubicado en tu postura, imagina o visualiza que frente a ti hay una gran pizarra blanca en la pared en la que vas a dibujar mentalmente diferentes figuras de color negro, a las que podrás irles cambiando de color en sucesivas prácticas. Puedes comenzar dibujando un triángulo equilátero. A continuación, a su derecha un círculo e igualmente a su derecha un cuadrado… Seguidamente visualiza o imagina que las vas borrando en el orden en el que las ido dibujando. En sucesivas prácticas puedes dibujar símbolos como: la estrella de cinco puntas (pentagrama); la de seis puntas (la estrella de David), la cruz cristiana, la cruz egipcia, una espiral, un laberinto, etc. Igualmente podrás dibujar números, letras, escribir palabras o frases…, siempre con plena atención mental. No te desanimes si te cuesta visualizarlas, lo importante es centrar toda tu atención en el ejercicio.

Visualización de escenas agradables y relajantes

Esta es una práctica muy adecuada y placentera para desconectar de los estresores mentales y emocionales como las preocupaciones. Esta actividad contribuye a vaciar la mente y desconectar de la vida cotidiana. Consiste en que, una vez relajado, centres toda tu atención en un paisaje, en un entorno natural que te aporte paz. Puede ser uno de tus lugares ideales de desconexión que ya conoces. Es como viajar con tu mente proyectándote al lugar elegido (una montaña, un valle, un río, una playa, un bosque, un parque, un jardín, etc.). Limítate a observar las imágenes que van pasando por tu mente como si estuvieras viéndolas en una pantalla de cine, o como si estuvieras realmente en ese lugar. Obsérvate caminando a paso lento. O imagínate sentado en un banco, en una roca, en la hierba, disfrutando de todo lo que te rodea. Si tu relajación es profunda, llegarás a percibir fragancias o a escuchar los sonidos de la naturaleza.

Yo en mis clases o grabaciones de audioterapias incluyo un sonido de la naturaleza, como puede ser el viento, las olas, el canto de pájaros, el sonido de un arroyuelo, etc., por lo que puedes poner de fondo uno de estos sonidos y trasladarte mentalmente a ese lugar, unificándote con ellos y con las imágenes que vayan surgiendo.

Concentración en un aroma o fragancia

Puedes relajarte por medio de la aromaterapia, utilizando la fragancia del aceite esencial que consideres más relajante, como puede ser el de manzana, melisa, menta, naranja, espliego, rosas, bergamota, sándalo, etc. En naturopatía se utilizan por sus muchos beneficios terapéuticos tales como calmar la mente y el sistema nervioso, potenciar la concentración, mejorar el estado de ánimo, etc. En tu postura y con los ojos cerrados, pon toda tu atención en la fragancia o aroma de una barrita de sándalo encendido, o en el de la quema del aceite esencial escogido.

Ejercicios de meditación y *mindfulness*

Te recuerdo los pasos que debes tener en cuenta a la hora de practicar la meditación: de la respiración tranquila surge la plena atención, de ella la concentración, y de esta la relajación, para finalmente facilitarte la entrada en la experiencia de la meditación. Cuando practiques, no luches contra los pensamientos o imágenes que irán surgiendo en la mente, porque los harás más fuertes. Deja que, como surgen, desaparezcan. No intervengas ni trates de evitarlos, cambiarlos, analizarlos o eliminarlos. Si no les prestas atención se irán diluyendo como nubes movidas por el viento. Debes mantenerte con la actitud de *la mente testigo,* es decir, limitarte a observar y sentir como mero espectador el objeto, imagen o ejercicio de tu meditación. Tú centra una y otra vez toda tu atención mental en el objeto de tu meditación, fundiéndote, unificándote con él, pasivamente. La duración de cada ejercicio debes decidirla tú mismo. Puedes comenzar con 5 minutos, para ir aumentando en días sucesivos, hasta 10, 15, 20, 25 o 30, que sería el tiempo ideal para obtener los muchos beneficios terapéuticos de la meditación.

Meditación en la respiración diafragmática

Este es uno de los ejercicios más clásicos y practicados tanto en las meditaciones orientales, como el yoga, el budismo o las terapéuticas occidentales como el *mindfulness*.

Ya en tu postura de meditación, centra toda la atención en el movimiento del abdomen. Observa y siente cómo se expande al entrar el aire y cómo se contrae al salir. Deja que el aire entre y salga por la nariz, limitándote a observar el movimiento del abdomen. Observa y siente hasta dónde se expande y contrae, cuándo se detiene y comienza a moverse… Hazlo sin intervenir ni influir en el proceso. Únicamente observa y siente, unificándote al movimiento. Si surgen pensamientos o imágenes no luches contra ellas, no tratas de evitarlas ni eliminarlas, sencillamente vuelve a centrar una y otra vez la atención al movimiento del abdomen y las diferentes sensaciones que te produce.

Meditación en la respiración nasal

Este ejercicio es similar al anterior, pero centrando la atención en percibir el aire que entra y sale a través de las fosas nasales. Con la práctica percibirás que el aire sale más caliente del que inspiras. Por ello hay una variante que consiste en imaginar o visualizar que el aire que inspiras es de color azul (que es un color frío) y sale de color rojo (que es un color caliente). En último caso, el ejercicio finalizaría imaginando que el aire sale y entra de color azul, indicando que has entrado en un estado de meditación agradable.

Cuando observes que la respiración es lenta y tranquila, la mente estará en calma, limítate a observarla fundiéndote con el proceso respiratorio como mero espectador.

Meditación de toma de conciencia corporal sentado

Ubícate en tu postura, cómodo y relajado. El ejercicio consiste en tomar conciencia de las diferentes sensaciones que estés percibiendo en todo momento en tu cuerpo. Comienza tomando conciencia de la propia postura: cómo estás sentado en el suelo, o sobre un cojín o en una silla..., percibe cómo te sientes en ella. Siente cómo tu cuerpo se va aflojando y relajando, y las sensaciones corporales que te hacen sentir... Toma conciencia de los sonidos que llegan a tus oídos procedentes del exterior o del lugar en el que te encuentras... Céntrate en comprobar si percibes algún olor, fragancia o aroma a tu alrededor… Comienza a centrarte en las diferentes sensaciones térmicas que percibes en tu cuerpo: frío, calor… Continúa observando la respiración, el movimiento automático del abdomen, o el aire que sale y entra a través de tus fosas nasales… y qué te hace sentir. Lleva seguidamente la atención a diferentes partes de tu cuerpo recorriéndolo de pies a cabeza y percibiendo las diferentes sensaciones corporales que experimentas. Comienza por sentir los pies firmemente en el suelo… las nalgas y muslos en el cojín o la silla… la espalda y cuello verticales… las manos apoyadas en los muslos… los dientes entreabiertos y la barbilla caída… las mejillas flojas… la frente y el entrecejo sin tensiones… los párpados pesados… Finalmente mantente sintiendo el estado general en el que te encuentras disfrutando del momento.

Meditación de toma de conciencia corporal tumbado

Es el mismo ejercicio anterior, pero realizándolo tumbado cómodamente en la postura *savasana,* percibiendo igualmente las mismas sensaciones corporales citadas en el ejercicio anterior, tomando conciencia de qué zonas tocan el suelo, sobre qué puntos notas que existe contacto de tu cuerpo con el suelo. Ejemplo: talones, pantorrillas, muslos, nalgas, zona media y alta de la espalda, manos, codos, brazos, nuca... movimiento de la respiración… rostro relajado. Finalmente mantén la postura disfrutando de las sensaciones placenteras y unificándote a ellas.

Meditación pasiva de los pensamientos

Este es uno de los ejercicios que más te aconsejo practicar. Ya en tu postura, manteniendo todos los detalles mencionados, enfoca toda tu atención en el entrecejo. Como si fuera un proyector, imagina o visualiza que frente a ti hay una pequeña pantalla (*chidakasa* o pantalla mental). Limítate a observar los pensamientos o imágenes que van surgiendo en tu mente, como si contemplaras imágenes en una pantalla de cine sin poder intervenir ni cambiarlas. Solo obsérvalas sin analizarlas, ni evitarlas, con la actitud de *mente testigo*.

Meditación en el mantra *om* o palabras positivas

Una vez en tu postura, consiste en repetir mentalmente unos minutos el poderoso sonido o vibración *om*. Hazlo del siguiente modo: al inspirar, de forma lenta, completa o abdominal repite: "*Oooooooo…*", y al espirar: "*mmmm-mmm…*". Otro modo de practicarlo es repitiendo "*om*" al inspirar y "*om*" al espirar. Aunque mentalmente tiene más poder sobre la mente, también puedes practicarlo susurrándolo o en tono alto, lo importante es centrar toda tu atención en el sonido y la respiración. Del mismo modo, puedes utilizar y repetir palabras positivas a modo de mantra, por ejemplo: "paz" al inspirar, "paz" al espirar, o cualquier otra que desees experimentar o grabar a nivel subconsciente, ya que aquello en lo que te concentras lo atraes y en eso te conviertes. Ejemplo: "Yo soy calma, la quietud, la dicha, el amor…". Igualmente puedes utilizar dos palabras distintas en cada respiración, por ejemplo, "paz" al inspirar y "quietud" al espirar.

Meditación contemplativa

Situado en tu postura de meditación, cómodo y relajado en un entorno natural (por ejemplo, un jardín, un parque, un bosque, una playa, etc.), céntrate en observar el paisaje que tienes frente a ti, inmóvil y relajado: el movimiento de las olas, una puesta de sol, una flor, un árbol, el horizonte, la hierba movida por el viento, etc. Otro modo de meditar en la naturaleza es cerrar los ojos y centrarte en los sonidos que te rodean. Ejemplo: las olas, el viento, el canto de los pájaros, un riachuelo, etc. Del mismo modo, con los ojos cerrados percibe las diferentes sensaciones que te hace sentir la contemplación de la naturaleza o de sus sonidos o fragancias.

Meditación silente

Es otra de mis meditaciones más aconsejadas. Situado en tu postura de meditación, cómodo y relajado, consiste en centrar toda tu atención en el silencio que puedas percibir en el lugar en el que realices la meditación. Puede ser en tu hogar en el momento más adecuado, o en una iglesia fuera de horarios de misas, o cualquier lugar o recinto que sea silencioso y tranquilo. Esta es una de las meditaciones más clásicas del yoga y de los místicos de diferentes culturas. Ten presente de nuevo que surgirán pensamientos o imágenes en tu mente y que, en lugar de tratar de evitarlos, deberás centrarte una y otra vez en el silencio que te rodea, unificarte con él.

Meditación en una melodía o sonido

Más sencillo que el anterior. Este es un ejercicio ideal para desconectar de lo cotidiano y frenar o reducir el ritmo de los pensamientos, hasta ir consiguiendo unificarte con la melodía escogida. Realízala en tu postura con los ojos cerrados (si lo prefieres puedes tumbarte en *savasana,* en un sofá confortable, la cama, etc.), pero siempre evitando distraerte o dormirte. Puedes escoger sonidos de la naturaleza, música clásica o melodías relajantes de flautas, piano, etc. que te aporten paz. Limítate a centrar toda tu atención en el sonido o melodía sin pensar en ninguna otra cosa.

Meditación en postura erguida

Este ejercicio se practica de pie *(tadasana* o postura de la montaña), con los pies separados, los brazos caídos a lo largo del cuerpo, los hombros ligeramente hacia atrás, los dientes entreabiertos y los ojos cerrados. Debes centrarte en mantenerte erguido sin moverte hacia ningún lado, como una montaña que crece hacia el cielo, pero dejando el cuerpo inmóvil y relajado. Toma conciencia del peso de tu cuerpo repartido sobre las piernas y plantas de los pies… la respiración… la postura erguida… y las diferentes sensaciones que percibas, manteniendo el equilibrio. Puede serte útil en momentos de la vida cotidiana en que precises relajarte donde te encuentres, si es necesario con los ojos abiertos fijando la mirada en algún punto inmóvil frente a ti, o centrado en realizar respiraciones lentas y profundas, mientras te repites mentalmente sugestiones positivas como: "Estoy tranquilo y en calma" o "Calma, calma, caaalmaaaa…".

Meditación caminando. Paseos meditativos

Hay muchas formas y lugares donde realizar esta meditación: al comenzar el día y dirigirte al trabajo, al regresar a casa... Debes dejar siempre fuera las posibles preocupaciones o tensiones de la jornada. Puedes practicarla paseando tranquilamente por un parque o haciendo senderismo en plena naturaleza. Puedes disfrutar y reflexionar caminando sobre el maravilloso don de caminar, un don que te permite desplazarte a donde desees y que no todo el mundo posee. A modo de idea te expongo algunos ejercicios:

- **Caminar consciente.** Centra toda la atención en el acto de caminar lentamente, sin esperar nada, sin prisas. Los brazos se balancean a lo largo de tu cuerpo suavemente, flojos y relajados, o entrelazando las manos detrás de la espalda. Céntrate en el acto de caminar sintiendo las diferentes sensaciones y movimientos. Cuando un pie se apoya y otro se levanta. Siente las pantorrillas, los muslos, las tensiones y distensiones que musculares que te permiten caminar, el roce de la ropa con el cuerpo… En síntesis, camina sencillamente percibiendo las diferentes sensaciones de tu cuerpo.

- **Caminar realizando afirmaciones.** El acto de caminar te indica que puedes dirigir tus pasos hacia la meta que desees alcanzar, teniendo en cuenta que la felicidad no es alcanzar la meta, sino el caminar hacia ella cada día. Puedes caminar realizando una o varias afirmaciones positivas como: "Camino firme y seguro hacia la meta que desee alcanzar", "Me siento fuerte y valiente transitando el camino de la vida", "Con cada paso que doy me siento más tranquilo y relajado".

- **Caminar reflexivamente.** Esto es algo que hacen mucho los monjes alrededor de sus claustros, y una práctica habitual en los filósofos, sabios o yoguis del pasado.

- **Caminar centrado en la respiración o el corazón.** Puedes por ejemplo inspirar durante cuatro pasos y espirar en el mismo tiempo, o centrarte en imaginar o sentir a tu corazón expandiéndose y contrayéndose en perfecto equilibrio.

- **Caminar unificándote a la naturaleza.** Caminando a paso lento por la naturaleza, céntrate en percibir los rayos del sol en tu cuerpo, o el viento en tu rostro, o el aire entrando en tus pulmones, o las fragancias u olores de flores, de la hierba, del mar… O escuchando los sonidos de tus pasos, o del viento, o de las olas, o de los pájaros... O descalzo, sintiendo el contacto de tus pies con la tierra, o la hierba, o la arena, o el agua en la orilla de una playa. Todo ello, mientras obtienes múltiples beneficios por el hecho de caminar, a la vez que te unificas con la Madre Tierra, soltando tensiones, preocupaciones o nerviosismo a cada paso.

Meditación de unificación con la naturaleza

Es similar al ejercicio de visualización de escenas agradables y relajantes, pero sentado, y sin crear voluntariamente la aparición de las imágenes, sino limitándote a observarlas. Ejemplo: si decides meditar en una playa, centras tu atención en el entrecejo imaginando estar frente ella, y simplemente deja que las imágenes vayan comenzando a surgir de forma automática. Si surgen otros pensamientos o imágenes, ya sabes, no luches contra ellas, sencillamente déjalas pasar, no tratas de evitarlas y sigue centrado en la idea de una playa.

Meditación de la sonrisa sanadora

Ubicado en tu postura de meditación, consiste en que muevas sutilmente todos los músculos que se activan en una sonrisa —aunque tengas que fingirla—, manteniéndola durante unos minutos, y sintiendo el bienestar y calma que te genera, ya que contribuye a segregar neurotransmisores altamente beneficios como la dopamina, la oxitocina, la endorfina, la serotonina..., que mejoran tu estado de ánimo, controlando tus emociones y haciéndote sentir tranquilo, alegre y positivo. Puedes aumentar los beneficios y alcanzar un mayor bienestar y dicha si traes a tu mente un recuerdo muy alegre o feliz que hayas vivido en un momento cercano o lejano en el tiempo. Debes vivirlo con la mayor nitidez, detalles y emoción posible, como si estuviera de nuevo sucediendo, ya que no se trata de recordarlo, sino de volver a vivenciarlo como si fuera real. De este modo, tu cerebro vuelve a generar todas las sustancias bioquímicas positivas y beneficiosas que generó cuando sucedió.

Ten siempre presente los pasos que has de seguir para alcanzar el estado meditativo. La respiración tranquila te relaja. La relajación favorece que surja la atención plena. De ella surge la concentración y de esta la meditación.

Ejercicios de coherencia cardiaca (CC)

Los constantes cambios que nos produce el entorno en el que nos movemos diariamente hacen que el corazón se expanda y contraiga dentro de un determinado ritmo denominado *variabilidad,* la capacidad del corazón de acelerar y desacelerar el ritmo cardíaco en cada momento. La CC genera un estado de la variabilidad cardiaca inducido por la respiración, lo cual conlleva numerosos efectos beneficios para la salud y el bienestar. Es una técnica sencilla que logra armonizar el ritmo en el que trabaja el corazón, por medio de coordinar la respiración con la frecuencia cardiaca. El objetivo es armonizar la respiración y los latidos del corazón. Esto permite aliviar especialmente el estrés y la ansiedad, prevenir enfermedades cardiovasculares o controlar emociones negativas como el miedo, la ira, la tristeza, la frustración y otras muchas dolencias psicoemocionales. Con práctica podrás llegar a poder relajarte en uno o dos minutos, al conseguir que el corazón lata tranquilo y rítmicamente en total armonía.

A modo de introducción, cabe decir que las investigaciones llevadas a cabo sobre la CC demuestran que el corazón es un poderoso cerebro que influye en el cerebro de la cabeza, en el sistema nervioso y en todo el organismo, que es muy beneficioso cuando está en coherencia. Su efecto dura alrededor de unas cuatro horas de calma y está avalado por estudios científicos. Como ejemplo, cito las investigaciones del doctor J. Andrew Armour, neurocardiólogo canadiense, que en 1991 introdujo el concepto *cerebro cardíaco* y demostró la existencia de un sistema nervioso propio del corazón; también Rollin McCraty, psicofisiólogo y director de investigación del Instituto HeartMath, en California; o las investigaciones llevadas a cabo en universidades como la de Cambridge en Inglaterra. Incluyo aquí cuatro de los ejercicios más clásicos y beneficiosos de CC que utilizo en mis clases, cursos y consulta. Si por algún motivo lo prefieres, puedes realizar los ejercicios tumbado boca arriba, si esa postura te resulta más cómoda y relajante.

Respiración simétrica

Siéntate cómodamente en tu postura de relajación, con la espalda vertical, los pies separados, piernas en ángulo recto, manos apoyadas cómodamente sobre los muslos y ojos cerrados, aunque puedes practicar con una mano sobre el abdomen para sentir su movimiento.

Enfoca toda tu atención en inspirar profunda y suavemente por la nariz, dirigiendo voluntaria y conscientemente el movimiento del abdomen hacia fuera al entrar el aire, en 5 segundos. Esto acelera armónicamente la frecuencia cardiaca y estimula el SNS. Inmediatamente espira por la boca, soltando el aire en 5 segundos, entre los labios, soplando suavemente, como queriendo apagar una vela situada a un centímetro de distancia. Esto genera un efecto calmante que estimula el SNP y ralentiza el corazón. Inmediatamente continúa con el mismo proceso.

Practícalo durante 5 minutos al menos una vez al día, o cuando precises calmarte por cualquier motivo, aunque lo ideal es realizarlo tres veces al día: al despertar, a media mañana o antes de almorzar, y a media tarde o antes de acostarte. Si te fuera incómodo puedes reducir la proporción a 4 segundos al inspirar y 4 segundos al espirar. Debes ser consciente en todo momento del proceso de la inspiración y la espiración.

Concentración en el corazón

Sentado cómodamente como en el ejercicio anterior, enfoca toda tu atención en el corazón. Si lo deseas puedes poner una o ambas manos sobre él. Seguidamente céntrate en intentar percibir sus latidos, durante 2 o 3 minutos —sin preocuparte si no lo sientes—, ya que cada persona tiene una menor o mayor capacidad para percibirlo. Es un concepto que se denomina *interocepción*.

Respirando con el corazón

Partiendo de la postura adecuada, y en todo momento enfocando la atención en el corazón, imagina o visualiza cómo, al inspirar sutilmente por la nariz, el corazón se expande lenta y rítmicamente, y cómo al salir el corazón se contrae, lenta y armónicamente. Al inspirar el corazón se expande y al espirar se contrae, como si estuvieras respirando con el corazón en lugar de con el pulmón. Basta con que lo imagines.

Puedes dejar que la respiración abdominal se produzca automáticamente, o la diriges conscientemente de forma lenta y rítmica, sin proporción.

Hazlo 1 o 2 minutos y experimentarás el profundo estado de calma y tranquilidad que te genera.

La frecuencia "seis"

Desde tu postura de meditación, consiste en realizar seis respiraciones de 5 minutos cada una. Es el mismo ejercicio que el número 1, pero realizándolo seis veces en total, lo que conlleva realizar seis respiraciones en un minuto. Esto aporta muchos beneficios como se ha deducido de las investigaciones científicas sobre CC. Por ejemplo: los sistemas simpático y parasimpático se equilibran, la mente se calma, baja o se anula la función de la amígdala cerebral, desciende el nivel de adrenalina y de cortisol, el corazón entra en coherencia… También facilita el autocontrol mental y emocional en momentos críticos, como puede ser por un disgusto, una mala noticia, una preocupación obsesiva, un bajón anímico, una reunión que te produce desasosiego o nerviosismo, o de crítica negativa hacia tu persona, etc. Puedes llegar a calmarte en un solo minuto, si participas consciente y voluntariamente en el proceso del movimiento del abdomen, la inspiración y la espiración.

Es sabido que al inspirar el corazón se acelera y al espirar se ralentiza, y que al respirar llevando una proporción simétrica, de modo que la inspiración dure el mismo tiempo que la espiración, el corazón entra en coherencia, es decir, se armoniza. Ejemplo: inspirar en 5 segundos y espirar en 5 segundos. Lo ideal sería realizar el ejercicio seis veces seguidas, cumpliendo un minuto en total.

Si es de tu interés conocer más a fondo cualquier tema del libro, solicitar mis audios dirigidos, o solicitar información sobre mi consulta presencial, telefónica u *online* desde cualquier provincia o país, o sobre las clases *online,* los talleres presenciales u *online* de formación básica y práctica sobre este asunto, ponte en contacto por medio de la web, teléfono o *e-mail* del CEYSI®. Infórmate muy especialmente por mi curso: *Técnicas de relajación y autocontrol mental y emocional,* conteniendo una selección de las mejores quince técnicas dirigidas de respiración, relajación, concentración o visualización.

Centro-consulta: **www.yogaceysi.com**

ceysivigo@gmail.com

santiago@yogaceysi.com

Cuarta parte

Cómo utilizar este libro
Síntesis final

Buscando las causas

Un mensaje clave de este libro es el siguiente: **para eliminar un efecto hay que eliminar su causa.** Si un buen día observas que tu hogar se llena de humo y te limitas a abrir la ventana para que salga, no solucionarás el problema. La solución es eliminar el fuego que lo produce. Al igual, para eliminar los nefastos, destructivos y enfermizos efectos del estrés, la ansiedad y otros trastornos psicosomáticos, en mi larga experiencia profesional —especialmente de consulta— enseño que lo primero a trabajar es buscar las causas que generan el estrés y la ansiedad para dejar de seguir generándolas y, a partir de ahí, comenzar a eliminar sus nefastos efectos. De aquí que, conocedor del funcionamiento de la industria farmacológica y de los desastrosos efectos secundarios de los medicamentos, debo decir que la gran mayoría de los tratamientos médicos habituales para combatir el estrés, la ansiedad, la depresión, el insomnio y otros trastornos psicosomáticos se alejan totalmente de los principios del padre de la medicina occidental, el sabio griego Hipócrates (460 a. C. - 370 a. C.).

Este, entre otros principios, dijo: "No hay enfermedades sino enfermos", es decir, hay que ir a la causa de la enfermedad y no a tratar exclusivamente el síntoma, o "curar sin dañar".

Si bien en ocasiones puede que haya que recurrir a un medicamento, debiera ser por un corto espacio de tiempo. Pero esa no es la solución. En ocasiones acarrean problemas más graves que aquel que se quiere eliminar; además, repito, de actuar únicamente contra los síntomas y no contra las causas del origen de la enfermedad. En especial los psicofármacos (antidepresivos, ansiolíticos, antipsicóticos…), que son drogas, sustancias químicas, tóxicas y adictivas que entiendo no debieran ser nunca la primera opción, sino, en algún caso concreto, la última. Uno de los médicos que colaboran en mi programa de radio me dijo recientemente: "A veces es más útil y adecuado un médico humanizado que cualquier psicofármaco". Así pues, busca siempre las causas de tu estrés y ansiedad para eliminarlos progresivamente, o ayúdate de un buen profesional reconocido y experto en el campo de la mente, las emociones y las técnicas o terapias complementarias que pueda ayudarte a descubrirlas y eliminarlas, y que te demuestre estar realmente interesado, como siempre digo, a ayudarte a que te ayudes. En mi caso personal, puedes solicitar consulta presencial, telefónica o mediante videoconsulta desde cualquier provincia o país.

El cambio está en ti, comienza y termina en ti. Tú eres la causa de tu estrés y ansiedad, pero también eres la solución. Aprende a buscar sus causas y eliminarlas.

Práctica, práctica, práctica...

Debes ser ordenado y disciplinado en tu práctica diaria si deseas obtener los logros deseados. Comprende que, si llevas mucho tiempo padeciendo de estrés, ansiedad, insomnio, angustia, depresión y otros trastornos similares, no vas a eliminarlos en un día. Debes realizar la práctica escogida como mínimo **una vez al día,** aunque lo ideal es hacerlo dos o tres veces. Hazlo hasta ir observando los beneficios deseados: al despertar, a mediodía o a mitad de la tarde y en el momento de irte a dormir, reduciendo el número de prácticas y su duración progresivamente. Solo precisas de cinco a quince minutos para comenzar. Si no tienes tiempo para ti, ¿para quién lo tienes entonces?

> *Mi trabajo es ayudarte a que te ayudes y que al final te conviertas en tu mejor amigo, en tu propio terapeuta, para que puedas prevenir, mejorar o eliminar las causas de enfermedad y sufrimiento.*

Cómo y cuándo practicar

Primeramente, debes buscar el lugar y el momento adecuado para la práctica. Seguidamente, escoge el ejercicio que deseas realizar. Te aconsejo realizar uno diferente cada día, para comprobar lo que experimentas en cada uno de ellos, y finalmente seleccionar aquellos que incorporarás a tu vida a partir de ese momento.

Debes comenzar por ejemplo por los ejercicios de respiración, dado que aprendiendo a respirar aprenderás a vivir mejor. Cuando hayas aprendido a respirar, puedes ir pasando a los ejercicios de relajación, realizando el que consideres más adecuado, para irlos alternando en sucesivas prácticas. En cuanto a los ejercicios de concentración, te facilitarán entrar en el estado adecuado para relajarte o meditar, por lo que puedes comenzar realizando uno de ellos, y a continuación realizar una relajación o meditación. Los ejercicios básicos de CC, como los de respiración, te ayudarán en momentos puntuales en los que quieras tranquilizarte o controlarte en poco tiempo, a veces al momento. En cualquier caso, debes ser tú quien vaya escogiendo la práctica diaria, eliminando progresivamente aquellos ejercicios que ya no precises, pero manteniendo los que consideres más adecuados como una especie de disciplina higiénica en tu diario vivir.

Cursos, audios y vídeos

Información general

Si precisas de más información sobre lo tratado en el libro tiene mis datos de contacto más adelante. Puedes solicitar alguna de mis audioterapias o clases y cursos monográficos *online;* o los de Formación Profesional a distancia, presencial u *online;* o sobre mi consulta, igualmente presencial u *online*.

Sobre el pensamiento

Si quieres saber más sobre el poder e influencia del pensamiento, te invito a entrar en la sección "Tienda de mi web", donde poder conocer y pedir audiolibros y audioterapias, cursos o talleres *online,* o incluso de formación, relacionados con el inmenso poder de la mente y de los pensamientos. Igualmente puedes solicitar información sobre mi curso *online,* "Crecimiento personal. Poder mental". Puedes entrar en mi canal de YouTube y ver los vídeos en los que hablo sobre ello: **https://www.youtube.com/user/SantiPazhin/videos**

Sobre la meditación

Te recomiendo mi curso práctico de meditación, que contiene diferentes ejercicios dirigidos de meditación. Lo puedes conocer y solicitar entrando en la tienda *online* de mi web (**www.yogaceysi.com**). O infórmate del curso de formación para ser profesor de meditación y *mindfulness,* a distancia u *online,* del curso para ser profesor de yoga integral, o el de monitor de relajación y profesor de desarrollo personal, o facilitador de coherencia cardíaca, o activación de la glándula pineal.

Relacionado con los ejercicios de respiración, relajación, concentración o visualización, te recomiendo mi "Curso de técnicas de relajación y autocontrol mental emocional", que contiene quince ejercicios dirigidos diferentes, acompañados de un libro que explica el funcionamiento de la mente, del cerebro y cómo utilizar cada audioterapia.

Sobre relajación

Mi curso "Técnicas de relajación y autocontrol mental emocional", para superar el estrés, la ansiedad, el nerviosismo y el insomnio está considerado el más vendido del mercado en su temática fuera de España.

Sobre el yoga

Si es de tu interés puedes entrar en la tienda *online* de mi web (**www.yogaceysi.com**) y solicitar el curso práctico de yoga *online* en casa, compuesto de un libro y de la clase grabada en vídeo y audio, o mis clases magistrales *online,* desde cualquier país en el que residas.

Sobre la salud

Como complemento dentro de las terapias naturales, te recomiendo el uso de la conocida terapia floral del Doctor Bach, por medio de algún naturópata o terapeuta especializado, para combatir las nefastas consecuencias de las emociones negativas, o solicitarme consulta presencial u *online* para que yo te asesore.

En la tienda *online* de mi web puedes conocer y solicitar estos cursos, e igualmente conocer los contenidos de mi canal de YouTube de Santiago *Pazhín*: (**https://www.youtube.com/@SantiPazhin**). Aquí te recomiendo dos de los audios más solicitados de mi tienda *online:* "Unificación con la creación", en el que disfrutarás de un maravilloso viaje en globo sobre diferentes lugares acompañado de una música terapéutica que te llevará a imaginarte estar viviéndolo realmente; y "Técnicas de relajación y visualización creativa", que contiene relajaciones dirigidas de respiración, relajación profunda, paz interior y unificación con lugares de la naturaleza, escuchando de fondo diferentes sonidos de olas, arroyo, pájaros, que te permitirán desconectar de los problemas cotidianos y vivenciar experiencias de paz y profundo bienestar.

También te recomiendo mis audioterapias: "Unificación con la naturaleza" o "Técnicas de relajación y visualización", que puedes ver o solicitar entrando en la tienda *online* de mi web **www.yogaceysi.com.**

Vídeos recomendados de mi canal

En mi canal de YouTube puedes ver vídeos en los que hablo de los muchos beneficios de la respiración, la relajación, la meditación, la sugestión o el poder del pensamiento.

Entre el amplio abanico de charlas, entrevistas, reflexiones o ejercicios dirigidos de mi canal de YouTube, he seleccionado los siguientes. Son los que te recomendaría ver en primer lugar. También te aconsejo que entres directamente en las diferentes listas del canal. Te adelanto mi agradecimiento por suscribirte y colaborar en su difusión.

Aquí tienes una relación de vídeos sobre charlas y reflexiones sobre la mente y trastornos psicosomáticos:

Los psicofármacos no son la solución.
Beneficios de la meditación.
El inmenso poder de la relajación.
Superando la ansiedad en casa.
Reducción del estrés y ansiedad con terapias psicofísicas.
El miedo y la ansiedad como síntoma.
El poder transformador de la meditación.
Estrés. Enemigo mortal. Clases magistrales.
Libera tu cuerpo y alma de enfermedades y dolor emocional.
La respiración y el control de las emociones.
La influencia y poder de los pensamientos en tu vida.
El poder de la imaginación guiada o visualización.
La meditación como terapia en casa.
Libera tu alma del sufrimiento emocional.

Autocontrol mental y emocional. Ponencia.
Ansiedad. Causas y respiración consciente.
El 70% de las enfermedades son autocreadas.
Consulta Santiago Pazhín.

Vídeos de prácticas dirigidas de respiración, relajación y meditación:

La relajación mental emocional.
Relajación de la paz interior.
Respiración consciente. Control mental emocional.
Charla magistral antiestrés y relajación dirigida.
Relajación dirigida y actitud mental positiva.
Meditación dirigida en la respiración abdominal.
Increíble relajación sanadora.
Relajación reflexiva. Paz interior. La mayor riqueza.
Savasana. Relajación yóguica dirigida.
Clases de autoayuda. La paz interior.

Si precisas de alguna orientación personal y lo estimas adecuado, puedes conectar conmigo por medio de mi *e-mail,* también si estuvieras interesado en solicitarme información sobre mi consulta presencial en Vigo, telefónica u *online,* desde cualquier lugar o país, como vengo haciendo desde hace muchos años. Igualmente si necesitaras mi orientación sobre cuál de los audios o cursos de mi tienda *online* se adapta más a tus necesidades personales o solicitarme la grabación de tu audioterapia personalizada y adaptada a tu caso personal. Por último puedes solicitarme información si estuvieras interesado en formarte de manera presencial, a distancia u *online* dentro de los campos del yoga, la relajación, el desarrollo personal, etc. Puedes conocer más pinchando de la pestaña "Formación" de mi página web.

Contactar con el autor

Solicitar grabaciones

Te recuerdo que algunos de los ejercicios del libro puedes practicarlos a través de mi canal de YouTube, o que todos los demás, entre otros muchos, puedes conocerlos y solicitarlos a través de la tienda *online* de mi web, o de mis talleres y formación presencial o igualmente *online*.

Audioterapia personalizada

Si es de tu interés, puedes solicitarme información sobre grabarte tu audioterapia personalizada y recibirla en tu *e-mail* o móvil, adaptada y personalizada a tu caso o necesidad personal, incluyendo las pautas, relajación, afirmaciones y orientaciones precisas para escucharla a diario. La clave está en realizar los cambios de actitud, creencias y pensamientos necesarios, así como la urgente programación o reeducación positiva de tu poderosa mente subconsciente, al ser la raíz de la mayor cantidad de las dolencias, enfermedades y sufrimiento emocional en los que la mayoría de la gente vive. En los muchos años que vengo utilizando mi pionero y personal método de audioterapias personalizadas, son muchas las personas que han podido comprobar el inmenso poder de su mente y de sus pensamientos, de la autosugestión y de la autohipnosis, mediante la práctica diaria, unos 20 o 25 minutos, observando los beneficios en poco tiempo. Y lo más maravilloso es que desde ese momento aprenden a programar y reeducar su vida por ellos mismos, al realizar los cambios necesarios, aprendiendo a convertirse en sus propios terapeutas. Puedes solicitar más información en el número de WhatsApp y de Telegram, o en *e-mail* que incluyo a continuación.

Centro-consulta:

www.yogaceysi.com

Teléfono/wasap o telegram: (+34) 627 265 606.

santiago@yogaceysi.com / ceysivigo@gmail.com

https://www.facebook.com/santiago.pazhin

https://www.youtube.com/user/SantiPazhin/videos

Radio:

https://www.facebook.com/encuentrosenlamedianoche

https://www.ivoox.com/podcast-podcast-encuentros-medianoche-radiovoz_sq_f113191_1.html

EDITATUM

Libros para crecer

www.editatum.com